中公文庫

現代語訳

豆腐百珍

何　必　醇
福田　浩訳

中央公論新社

はじめに

漆器《しっき》をジャパンといい、陶磁器《とうじき》をチャイナと呼ぶ。豆腐はトーフで通用する。それぞれ生まれは中国だが、日本で育ち、花を咲かせ、実を結んだものばかりで、わが国の大看板である。

昭和の初めに、『食』を著わした大谷光瑞猊下《こうずいげいか》（浄土真宗本願寺派二十二世）は、その中で、豆腐の食品としての優秀性を説き、今の欧米人はそのことに気がついていないが、数十年後には食べるようになり、とりこになるであろう、と見事に喝破しておられる。

豆腐が今や世界的な食品であることは誰もが承知していることであるが、映画評論家で食いしん坊の荻昌弘氏からアメリカの豆腐事情のあれこれを伺ったとき、「向こうでは豆腐にジャムをつけて食べていますよ」との話にはびっくりもしたが、いささか感慨深いものであった。

『豆腐百珍』は、約二〇〇年前に書かれた、文字通り、豆腐料理の専門書で、当時出版された料理本の中でも最も多く読まれたものの一つであろうと思われる。

江戸時代の料理本は、現代人にとっては読みなれぬ書体で書かれていてわかりにくい、たとえ読めたとしても料理についての記述が簡略で材料や調味料の分量、火加減の程度など肝心なことがはっきりしない場合が多い。時に秘伝、口伝などといった表現もある。実際に、古い料理の再現を試みようとするとき、一番厄介なことがらである。しかし、この『豆腐百珍』は、原文のままでも比較的読みやすく、理解しやすい。例えば、「奇品　五八玲瓏《こほり》とうふ」の「干凝菜《かんてん》を煮ぬき、其湯《そのゆ》にて豆腐を烹《たき》しめ、さまし、つかふ。調味このみ随《しだ》ひ」とあるのをみると寒天の煮加減も、豆腐の切り方も、ましてや味つけは好みで、とあればどうしたらよいのか迷うところだが、豆腐というものが日常の生活に最も密着している食品で、単品でも、他のどんな素材とも合うという性質を知っているせいか、何とはなしにわかってくるという料理が多い。字体も解りやすく、難しいことはない。

昔の料理本に興味がおありなら、まず、この『豆腐百珍』を開いてみるとよい。料理することが苦手でも読むだけで豆腐料理の数々を楽しめる。もし、古い料理を手がけてみようと思われるなら、まず、この『豆腐百珍』から始められるとよい。手軽で、飽きのこないのがよい。今でも新鮮な感覚の料理が沢山あり、往時の人の料理の智慧にも感心させられる。

なお、現代訳する際に、できるだけ原文に忠実に訳すように心がけたが、本文で、料理の方法や順序が明らかに違っていると思われるものについては、訂正を加えた。また、原本では、豆腐・菽乳・豆乳・菽腐などと表記されている「とうふ」を「豆腐」としたように、用語の統一をはかった。見出し語は、検索しやすいように、ゴシックにし、訳注は、見やすいように各項目のすぐ後に入れた。#印以下は、料理をする上でのコツや注意点をメモ風に書き記したものである。実際に料理されるときの一助になれば幸いである。

なお、豆腐の質・軟らかさ・大きさなどは、地方により店によって差があるので、調理の前にその加減を勘案しておくこと。水切りの程度は料理の持ち味をこわさない限りは自分の好みに従ってよい。

福田　浩

目次

豆腐百珍

淮南清賞　淮南王が喜んで賞味したもの。つまり、豆腐のこと。

豆腐百珍引

菽乳者穀粒之變也物之變化也造物為之主焉人之與物自能變化雖則自能變化又亦惟造物使然㞢矣而變化不可窮也剝龍之見潛蜚升之榮枯世態與㞢消息人事與之反覆擾上然熙焉諜然散焉纇物不變無氣不化蓋淮南術邇矣造法固循

至今失碎〻之粒一旦奪胎于礦換骨于灋水湛靈烝急亦白瑩〻然方辟出矣不亦奇乎何氏所著一辟而百珍云嗟會品之瑣尾僅〻適以之曰腹然其所謂亨調之術變幻百出摹描萬狀何盡于此乎是謂也易可復出獻于於淮南亦不誣耳我而謂之彼而和之傳以施之無則愈變愈

珍俞化俞奇變之又變化之又化者
耶非耶變化終不可窮也物成而問
引其首于余遂戲題一絕曰淮南遺
述百珍成飽食富翁豢腹生皆是滄
然堪味道齊儁日得一齊名
天明改元辛丑嘉平平安曹鼎子九
氏書于碧香亭中

豆腐百珍引《とうふひゃくちんいん》＊1

豆腐は、穀類の粒が変化したものである。物が変化するのは、造物主がそうさせるからだ。人間は物と異なって、自らよく変わる。しかし、そうはいっても、これもまた、必ず造物主が、そのようにさせているだけである。このように、変化というものは、きわまるところがない。

蚪龍《みずち》＊2が出現したり潜《かく》れたり、草花が咲いたり枯れたりするように、世の中の様子や人々の動きも同じように、聚《あつま》ったかと思えば、さっと散ってしまうのである。このようにいかなる物も気も変化しないものはない。

思うに、淮南の術（豆腐の作り方）は、はるか昔より、今日に至るまで、豆を砕《くだ》き、臼で挽《ひ》き、それを濾《こ》して蒸し固める。すると、四角い宝石のように輝く豆腐ができあがる。これはまた、なんと不思議なことではないか。

何氏＊3の著書は豆腐一つだけなのに百珍という。食品には、まことに様々なものがあるが、人の口に合うものは少ない。しかし、調理法は、実にさまざまなものがあり、ここに書かれているものだけではない。易牙《えきが》＊4のような名料理人が再び現れて、淮南王のために調理したものであるといっても、うそにはならないであろう。
我も彼も豆腐を料理し、これに舌鼓みをうち、もって世に伝えひろめるならば、
変・珍・化・奇、だんだんと珍しいものができ、ますます素晴らしく変化していく。
その変化したものがさらに変化していき、変化はとどまるところを知らない。
さて、本書が成り、その序を求められたので、戯《たわむ》れに七言絶句[*5]を披露しよう。

淮南遺述百珍成
飽食富翁潔腹生
皆是澹然堪味道
腐儒甘得一斉名

天明改元、辛丑の年嘉平（一七八一年十二月）、平安曹鼎子九氏[*6]、碧香亭にて記す。

＊1豆腐百珍引　『豆腐百珍』の序文。
「百珍」は百の珍しい料理、「引」は序文を意味する。この部分は隷書《れいしょ》で書いてあり、曽谷学川のものと言われる。難解な漢文で書かれているが、訳出してみた。この部分を、原本より転載しておいたので、原文の趣《おもむき》を鑑賞していただきたい。誤訳したと

ころもあるかも知れないが、ご指摘いただければ幸いである。

＊2蚪龍　想像上の動物。顔は蛇に似て、角が生え、四脚をそなえて、毒気を吐き、人に危害を加えるという。

＊3何氏　『豆腐百珍』の著者何必醇のこと。「何ぞ必ずしも醇ならん」と読み、「こくのある濃い味ばかりがうまいというものではない」という意味。豆腐の味をたとえて、人の名になぞらえたのである。何必醇については詳しいことはわからないが、篆刻家の曽谷学川といわれている。

＊4易牙　中国春秋時代の斉の桓公に仕えた料理の名人。桓公に美味を献ずるため、自分の子を蒸して、その肉をすすめたという。

＊5七言絶句　大意は、次のようである。淮南王から伝えられた豆腐を、百種類にも調理する本が完成した。美味飽食している金持の翁も豆腐を食べてお腹をきれいにして長生する。これらはみな、淡味でありながら味わうに足りるものである。腐され儒者と呼ばれるような役に立たない学者も、同じ腐という字の縁から名を並べることができるのである。

＊6平安曹鼎子九　平安は京都のこと。曹が姓、鼎が名、子九が字。この序文の筆者だが、詳しいことはわからない。

凡例

一、豆腐料理百種類を、尋常品、通品、佳品、奇品、妙品、絶品の六等級に分けて記した。

一、尋常品は、どこの家庭でも常に料理するものだが、その中にも料理人の秘伝といったものがあればすべて書き記した。

一、通品は、料理に格別に難しいことはない。一般に知られているので、料理法は記すほどのことはなく、料理名だけを記す。

一、佳品は、風味が尋常品にややすぐれ、見た目の形のきれいな料理の類である。

一、奇品は、ひときわ変わったもので、人の意表をついた料理である。

一、妙品は、少し奇品に優るものである。奇品は形は珍しいが、うまさの点で妙品に及ばない。妙品は形、味ともに備わったものである。

一、絶品は、さらに妙品に優るものである。奇品、妙品は最上の美味ではあるが、うますぎるきらいがある。絶品は、ただ珍しさ、盛付けのきれいさにとらわれることなく、ひたすら豆腐の持ち味を知り得る、絶妙の調味加減を書き記した。豆腐好きの人ならば、必ず食すべきものである。

一、田楽の切り方、串の刺し方のこつは一木の芽田楽の項目に記す。すべて田楽と名のつく料理は、みなこの方法を用いるとよい。

一、すべての豆腐の細切りの方法は、うどん豆腐の項目に記す。

一、けんちん酢、白酢、あるいは山葵味噌《わさび》、南蛮《なんばん》味噌等の豆腐料理の調味料については、一か所に記して、その他のものは省略した。たとえば、五一引きずり豆腐の項に「山葵味噌を用いる」とあるが「八二茶豆腐の項を参照」というように、ことわり書きしてある。両方の項目をよく照らし合わせること。

一、料理、及び料理法のよく似たものは、一つの項目にまとめ、料理名は六通りの「品」に分類するために、それぞれの項目に別に記す。これは「品」を分類する上でのまぎらわしさをさけるためである。もっとも、その項目ごとにことわり書きをした。

一、生醤油《きじょうゆ》というのは、水で割らぬ、そのままの醤油のこと。

一、百品の中には形の作り方、料理法、煮かげん、あるいは味噌仕立てあり、醤油味あり、油で料理したものなどさまざまで、いちいち分けにくい。手違いはお許し願いたい。

一、番号の下の□じるしは季節の料理、ないものは精進料理である。
一、一家秘伝の料理で、世の中に伝わっていないものは、料理名だけを続編に出し、百珍の別に加え、風流、物知りの足しとした。「六三紅豆腐」とか、「九八（御膳物）の角おぼろ」などである。

豆腐百珍目録

尋常品

通品

佳品

奇品

妙品

絶品

尋常品

一　木《き》の芽《め》田楽《でんがく》

湯を大盤《おおはんぎり》*1に一杯に張り、豆腐を切るのも串に刺すのも、その湯の中ですれば、やわらかな豆腐でもうっかり落としたりする心配がない。豆腐に串を刺したら湯から上げ、すぐに火にかける。

味噌は木の芽味噌*2である。甘酒の堅入《かたい》れ*3を二割ほど擦《す》りまぜるとよい。ただし、入れすぎて甘くなりすぎぬように気をつけること。

最近、田楽炉《ろ》の新製品（図1）ができた。長さ二尺（六〇cm）、幅二寸五～七分（約八cm）、深さ二寸（六cm）ほどの釉薬《ゆうやく》をかけた陶器である。底は図2のように六、七分（二cm）ぐらいの穴をたくさんあけ、木の槽《ふね》に入《いれ》

図1

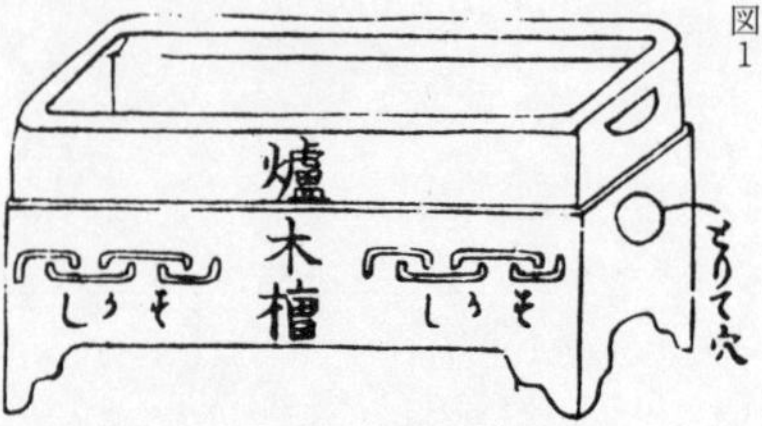

図2

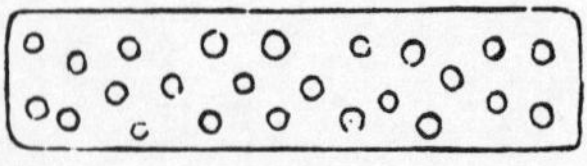

子《こ》にする。槽の深さは四、五寸（一二〜一五cm）、足は寸法外である。槽の内側に受けがあり、炉は上から一寸（三cm）ぐらいの所にかかる。炭火だが灰は敷かず、槽に水を入れて火力の助けにする。ただし、炉と槽とも二組用意しておき、水温が上がったら冷水にとりかえる。水が温まると、かえって火力の助けにならない。

また、炉、槽ともに銅で作ったものもある。田楽を座敷で焼けば、何より客へのご馳走となる。その時など、この炉ならば、うちわであおがなくても火の勢いがよく、灰が立つ心配もない。

江州《こうしゅう》目川《めかわ》＊4、京北今宮《けいほくいまみや》＊5の砂田楽《すなでんがく》は続編（128ページ参照）にある。

＊1大盤　大盤切のこと。盤切は底の浅いたらい型の桶。半切《はんぎり》ともいう。

＊2木の芽味噌　木の芽は、料理では山椒《さんしょう》の芽をさす。木の芽味噌は、みりん、砂糖などで甘味をつけた味噌に山椒の芽を摺《す》りまぜたもの。赤味噌、白味噌など、味噌は何味噌でもよいが、まず土地のものを活用したい。甘辛の加減は好みだが、やや甘めのほうが一般向きである。料理屋風に木の芽色に仕立てたいなら、白味噌に青寄せで色をつける。小松菜かほうれん草を細かく刻み、擂鉢《すりばち》でよく当たり、水をたっぷり加えて漉《こ》し、色水をとる。この色水を鍋《なべ》で静かに煮たてると葉緑素が寄ってくる。これが青寄せである。ていねいにすくいとって、ガーゼか布巾にとり、すっかり水気を切って色付けに使う。

＊3甘酒の堅入れ　甘酒には、堅煉《かたね》りと薄作りの二つの製法がある。堅入れは、堅煉りの意で、麹《こうじ》をたくさん入れるので甘味が強い。

＊4江州目川　現在の滋賀県栗太郡栗東町で、旧東海道沿にある。当時、目川田楽で知られ、豆腐田楽を売る茶店でにぎわった。『豆腐百珍続編』には、江州目川のさし絵が入っている（110ページ参照）。

＊5京北今宮　現在の京都市北区今宮神社。この門前に砂田楽を売る茶店があった。

#木綿豆腐を用いる。

田楽は焼きすぎて水気がなくなってはうまくない。豆腐が湯で温まっていれば、短時間で火が通り、うま味を逃さぬということだろう。湯の中で豆腐を切り、串を刺すというのはなるほどと思わせるが、実際には田楽に切った豆腐を手のひらの上にのせ、湯の中で串を打つのはなかなかむずかしい。軽く押しをかけて、田楽に切り、板の上に並べて串を刺すほうが無難である。とはいっても、串を刺すには熟練を要する。豆腐の水切り加減も大事だが、田楽の出来、不出来は串がうまく刺せたかどうかにもよる。

二　雉子《きじ》焼田楽

豆腐をきつね色に焼き、猪口《ちょく》に生の煮返し醤油を入れ、摺り柚子を添えて出す。

#木綿豆腐を用いる。
本来は、字義通り、雉子の田楽だったが、豆腐や魚肉で代用したものであろう。魚は主にマグロ、カツオを使う。『料理物語』に豆腐を小さく切り、塩をつけて焼き、熱い酒をかける、とある。醤油と酒の下地に漬けこんでから焼くか、つけ焼きにする。醤油一、酒一を標準にして好みで、みりんを加える。

三　あらかね豆腐

豆腐の水をよくしぼり、つかみくずして鍋《なべ》に入れ、油は使わず、酒と醤油で炒りつけ、摺り山椒をふりこむ。
#木綿豆腐を用いる。
あらかね（粗金）は山から掘りだしたままの、まだ精練していない金属や鉄をさす。豆腐は固く水切りして、おおざっぱにつかみくずすこと。火は強火、鍋をよく熱し、油は使わずとあるのだから、フライパンやテフロン加工のものは断じて使わぬようにする。くっついてもかまわない。そのくっつきや、崩れたものの大小が、あらかねの趣向なのである。柔らかな豆腐を、荒々しい金物に見立てるのだから、勢いよく、手短に料理する活気がほしい。

四　結び豆腐

豆腐を細長く切り、酢に漬けて、どのように結んでもよい。しっかり結んで水へ入れ、酢気を抜く。調味は好み通りでよい。

#木綿豆腐、絹ごし豆腐のいずれを用いてもよい。

酢につけすぎると固くなりすぎて結びにくい。両手を入れて、なお余裕のあるボウルにぬるま湯と酢を半々に入れ、その中で菓子の杉箱の蓋にでも豆腐をのせて切る。細く切るというより、長さを充分にとることに留意する。ひもかわうどんのように切ると結びやすい。ほぼ、落着いたら、静かに流水の下でさらして、酢気を抜く。

五　はんぺん豆腐

長芋《ながいも》をよく摺り、豆腐は水をしぼる。同量の割合でよく摺りまぜ、丸くとり、美濃《みの》紙[*1]で包んで湯煮する。白玉豆腐ともいう。

＊1美濃紙　奈良時代より美濃国《みののくに》（今の岐阜県）から産出される和紙。楮《こうぞ》の樹皮の繊維を主な原料として漉《す》いた紙で、紙質が強く、文書用だけでなく障子紙や傘紙などにも用いられる。本美濃紙は重要無形文化財である。

煮物に使う。

#木綿豆腐、絹ごし豆腐のいずれを用いてもよい。包むのは美濃紙に限らぬ。他の和紙でもよいが、必ず手漉《てす》きのものを使う。湯があまり沸騰しないうちに、包んだ豆腐を入れ、弱火にして、浮きあがるのを待つ。椀種《わんだね》か、煮物に使う。

六　高津《こうづ》湯豆腐

絹ごし豆腐を用いる。湯煮して、器にとり、熱い葛あんをかけ、溶きがらしを置く。また、南禅寺《なんぜんじ》豆腐ともいう。

大坂高津の生国魂《いくくにみたま》神社*1の境内に湯豆腐屋が三、四軒あり、その料理に使う豆腐を売る店が門前に一軒ある。わが国第一級の妙品を商っている。京都に南禅寺豆腐*2があり、江戸浅草には華蔵院《けぞういん》豆腐*3がある。

＊1生国魂神社　現在の大阪市天王寺区生玉町の高津の丘に位置し、その境内には、名物の湯豆腐田楽を商う店があり、非常に繁昌したという。

＊2南禅寺豆腐　京都市左京区にある臨済宗《りんざいしゅう》の大本山南禅寺の豆腐は当時から名物で、現在も有名な豆腐料理店が門前に並ぶ。

＊3華蔵院豆腐　華蔵院は宝光山と号する天台宗新堀東光院の末寺。当時、浅草には饅《まん》

頭《じゅう》のように丸い華蔵院豆腐を売る店があったという。
#絹ごし豆腐を用いる。
温めた豆腐を湯から上げるとき、網杓子《あみじゃくし》か穴あきの杓子を使い、なお、きれいな布《ふ》
巾《きん》の上で水気を切って器に入れる。いきなり器に取ると水気のために、葛あんが薄まってしまう。あんは醬油味をきかせ、とろみはしっかりつける。

七　草[*1]の八杯豆腐

豆腐を太いうどん状に切り、醬油に酒で加減して、薄葛を引く。おろし大根を置く。
真の八杯豆腐は、妙品八一の項（73ページ）を参照。
＊1草　真・行・草の三体は、本来、書道の書体を表わすが、料理の世界でも用いる。真は正式で厳格な料理を意味し、行は標準的な料理、草は略式で自由な応用力に富んだ料理法。
#木綿豆腐を用いる。
大根おろしはたっぷりがよい。もしも、葛あんの味やとろみが濃くなってしまったら、大根おろしの量としぼり加減で調節する。

八　草のけんちん

七七の真のけんちんの項（70ページ）を参照。

#木綿豆腐を用いる。

九　霰《あられ》豆腐

豆腐はよく押して水をしぼり、小さな骰《さい》の目に切り、笊籬《いかき》*1に入れ、軽く、柔らかにふる。豆腐の角がとれて丸みがついたら、油でさっと揚げる。調味は好みで。

少し大きめのものは松露《しょうろ》*2豆腐という。

*1笊籬　味噌漉《こ》しなどに使う竹で編んだざる。いかきは主に関西、ざるは関東でよく使われる言葉。

*2松露　担子菌類ショウロ科のキノコ。径二〜五cmくらいの不規則な扁球状をしている。外皮は白く、地中に埋《うま》っている。四、五月頃に海辺の松林の砂中に生じ、食用にする。

#木綿豆腐を用いる。

ざるは半球形で、いちばん目の細かいものを使う。ステンレスのストレーナーを使うと、きれいに仕上がる。ちょっと時間はかかるが、力まずに、ていねいにふること。

油の温度は、やや高めにして、手早く揚げる。芯まで揚げてしまわぬこと。吸物やスープの浮実にどうであろう。

一〇　雷《かみなり》豆腐

胡麻油を熱し、豆腐をつかみくずして入れ、すぐに醤油をさし、調味する。葱《ねぎ》の小口切り、おろし大根、山葵《わさび》、または摺《す》り山椒を入れる。

また、豆腐の水気をよくしぼり、油を使わずに右のようにつくるのを、黄檗《おうばく》豆腐ともケンポロ豆腐ともいう。四〇に出ている黄檗豆腐とは作り方が少し違う。別の方法と考えるべきである。また、隠元《いんげん》豆腐ともいう。

豆腐は水をしぼり、よくつかみくずし、青菜のみじん刻みを豆腐と同量用意する。たっぷりの油を充分に熱し、まず豆腐を入れてよくかきまわし、次に青菜を入れてよくかきまわす。醤油で調味する。豆腐十丁に油二合（〇・三六*l*）ぐらいの分量である。これを砕《くだ》き豆腐という。

#木綿豆腐を用いる。

水の中から豆腐を取り出したままでつかみくずすと、余分な水が入り、はねる。いったん、布巾の上に置き、手をふいてからつかみくずして入れる。大根おろしはやや固めに絞る。山葵はおろして、天に盛るとよい。砕き豆腐の青菜は、ていねいにみじんに刻まないと、豆腐とのまざり具合がよくない。

一一　再び田楽

七九の阿漕《あこぎ》田楽の項（72ページ）を参照。

#木綿豆腐を用いる。

一二　凍豆腐《こごり》

豆腐一丁を八つに切り、籃《かご》にならべ、熱湯をかけて外に出し、極寒に一夜さらし、翌日、湯煮して柔らかくし、浮き上がったら取り上げ、少し押しをかけてから、また、籃に並べ、幾日も日にさらす。ゆで湯に山梔子《くちなし》*1を割って入れるとよい。保存上、虫《むし》喰《く》いを防ぐためである。豆腐を干すのは、夜半すぎにさらすのがよい。宵《よい》はいけない。

また、高野豆腐ともいう。

右のようにして、一夜だけさらして、翌日使うものを、速成凍豆腐《はやこごり》という。

＊1山梔子　実が熟しても口を開かないので口無《くちな》しという。アカネ科の常緑低木で、夏に白色の花をつけ芳香を発し、秋に実が熟す。この果実からとった染料もくちなしといい、あざやかな黄色を現出させるので、古くから料理の色付けに用いられている。

#木綿豆腐を用いる。
凍豆腐は冬期晴天の夜、氷点下の屋外で凍結させ、日中は取り込んで、夜半に出すことを繰り返し、乾燥させる。気候風土に左右される食品だから、速成のものを試作するくらいが妥当であろう。最も簡単には、家庭の冷凍庫でもできるが、風味の違うものである。

一三　速成《はや》凍《こごり》豆腐

右を参照。

一四　摺り流し豆腐

豆腐をよく摺《す》って、葛粉《くずこ》をまぜてさらによく摺り、味噌汁へ摺り流す。
#絹ごし豆腐を使う。
豆腐は裏漉《うらご》しに通してから摺る。葛粉もふるいにかけて、少しずつふりこむようにする。卵白を入れたほうが失敗も少なく、きれいに仕上がる。味噌汁は沸かし過ぎると散るし、ぬるければ寄らない。

一五　押し豆腐

豆腐を布に包み、まな板を斜めにした上に並べのせ、つぶれぬほどの押しをかけ、よく水気をしぼる。生醤油《きじょうゆ》と酒塩《さかしお》*1を同量ずつで煮染《にし》め、小口切りにする。

*1酒塩　料理の調味料として使われるときの酒を「酒塩」とよぶのが定説であるが、島崎とみ子氏（女子栄養大学）は江戸時代の料理本を見ると、塩が加えられていたと考えられる場合があり、断定できないのではないかと疑問を投げかけている。

#木綿豆腐を用いる。

豆腐の味を生かしたければ、周りにだけ煮汁がしむ程度に、しっかりした味つけがよければ、中までしみるように煮染める。

一六□金砂《すなご》豆腐

豆腐はよく水をしぼってから十分に擂《す》る。卵白をつなぎに入れ、まな板の上にのばす。ゆで卵の黄味を裏漉しにかけ、それを砂子のようにぱらぱらと撒《ま》いて、軽く押さえて蒸す。小さく色紙《しきし》に切って使う。

#木綿豆腐を用いる。

黄身は強く押さえぬこと。中火で短時間で蒸す。塩をふって食べるか、二色玉子のように甘味をつけてもよい。

一七□ぶっかけうどん豆腐

一〇〇の真のうどん豆腐（85ページ参照）より太く、平らに切る。うどん豆腐と同じ煮かげんで湯をしぼり、器に盛り、生の煮返し醤油をかけ、花がつお、おろし大根、葱《ねぎ》の小口切り、唐がらしを上置きにする。これは、草のうどん豆腐である。真のうどん豆腐のように切り、奈良《なら》茶碗[*1]に入れ、茶碗蒸にし、葛あんをかけ、おろし山葵《わさび》を置く。これは縮緬《ちりめん》豆腐という。

＊1奈良茶碗　奈良茶飯に用いる蓋付《ふたつき》の茶碗。多くは瀬戸焼や伊万里焼。奈良茶飯は、東大寺、興福寺などで始めたものという。茶の煎汁《いりじる》に塩を少し入れ、煎った大豆・小豆・栗を加えて炊《た》きあげた飯。

#木綿豆腐、絹ごし豆腐のいずれを用いてもよい。器に豆腐を入れ、湯を注いで、よく蒸気の立った蒸し器に入れて温め、器をかたむけて湯を切る。こうしたほうが豆腐の崩れが少ない。縮緬豆腐は絹ごし豆腐を用いる。

一八□敷き味噌豆腐

茶碗をよく温め、温めた山葵《わさび》味噌を敷き、花がつおを置く。煮かげんのよいおぼろ豆腐*1を、網杓子《あみじゃくし》ですくい、盛る。

山葵味噌は、八二茶豆腐の項（73ページ）を参照。

*1おぼろ豆腐　豆乳ににがりを加えて圧搾する前に汲み取った、固まり始めの状態の豆腐をいう。

#木綿豆腐を用いる。

一九　飛龍頭《ひりょうず》*1

豆腐の水をしぼってよく擂《す》り、葛粉をつなぎに入れ、加料《かやく》*2に皮牛蒡《かわごぼう》の針切り、銀《ぎん》杏《なん》、木耳《きくらげ》、麻の実を入れる。また、小骰（小さな骰の目）ものには焼き栗か慈姑《くわい》の一品を入れる。

加料は油でいためるが、麻の実は後で入れる。加料を豆腐で包み、適当な大きさに丸め、油で揚げる。その際、小麦粉をまぶすとよい。

煎酒《いりざけ》*3に、おろし山葵、あるいは白酢に山葵の針を置くか、田楽にして青味噌に罌粟《けし》の実をふる。飛龍頭は一名を豆腐巻ともいう。

白酢は罌粟を煎《い》って、よく摺り、さらに豆腐を少し入れて摺り、酢を加える。甘めを好むなら太白砂糖を入れる。また、豆腐のかわりに葛粉を加えてもよい。

青味噌は、味噌をよく摺り、青海苔を摺ってまぜる。
＊1飛龍頭　飛龍子。もとは西洋の砂糖菓子のフィロウスという。後に豆腐料理の一種となった。『料理網目調味抄』には「小麦粉に豆腐かおろし山芋を混ぜ、平めて針ごぼう、きくらげを包み、胡桃《くるみ》の大きさにして油であげる」とある。関西ではひりょうず、関東ではがんもどきといっている。
＊2加料　加薬。本来は漢方で主薬の効果を増す補助薬。転じて料理の香辛料を薬味と呼ぶ。主に関西では飯にまぜる具のことをいう。
＊3煎酒　醤油が普及するまでの刺身の調味液。なます、酢の物、煮物などにも用いる。『料理物語』に記された作り方は、かつお節一升に、梅干一五～二〇個ほど入れ、古酒二升を加え、水と溜りを少し入れて、これを一升に煎じこし、さまして使う。
#木綿豆腐を用いる。
白酢の練りかげんはマヨネーズ状の柔らかさでよい。

この飛龍頭は、市販のがんもどきにくらべ、野菜がたっぷり入り、しかも豆腐とまざり合っていないので、それぞれの味わいが活かされている。

二〇□濃醬《こくしょう》

豆腐一丁を四つ切りにし、それぞれの茶碗に一切れずつ入れ、花がつおは後から入れる。初めから入れて煮てはいけない。出し際に摺り山椒をふり、その上へ、つんぼりと花がつおを置く。

#木綿豆腐を用いる。

鯉の濃醬（こいこく）のように、味噌で煮込む。味噌汁より少し濃いめに作る。味の濃淡、甘い、辛いは好みだが、味噌は、二、三種合わせて使うほうがうまい。

二一□ふわふわ豆腐

卵と豆腐を同量ずつまぜ、よく摺《す》り合わせ、ふわふわ煮にする。これに胡椒《こしょう》をふって出す。卵のふわふわ煮と風味は変わらない。倹約する人ならば、もっぱらこれを作るとよい。

#木綿豆腐、絹ごし豆腐のいずれを用いてもよい。

松下幸子氏（千葉大学）は、豆腐を裏漉《うらご》しし、卵とよく摺りまぜ、小さな土鍋で、十分ほど中火で煮ると、倍くらいにふくれあがるとの結果を得られている。簡単には、吸物かげんのだし汁を煮立たせ、一気に流し込んでふたをし、一分くらいで火を止める。「倹約する人」とあるが、現代風に解釈すれば、「健康に気をつけたい人」には、コレステロールの少ない本品をおすすめしたい。

二三□松重ね豆腐[*1]

水前寺紫菜《のり》[*2]を敷き、摺《す》り豆腐に卵白のつなぎを入れ、紫菜《のり》の倍の厚さに敷きのべて蒸し、味をつける。切り方は好みでよい。

＊1松重ね　重ねとは衣服を着ることで、松重ねは、表は萌黄色、裏は紫色という決まりである。水前寺紫菜と書かれているくらいだから、豆腐にも色づけすべきかも知れない。

＊2水前寺紫菜　藍藻類に属する淡水藻で、俗に川のりといい、熊本市の水前寺の池に生じるので、この名がある。料理では主に吸物、さしみのつま、なますなどに用いる。

#木綿豆腐を用いる。

水前寺紫菜《のり》は水にもどし、水気をふき、葛粉をふって摺った豆腐を摺りつける。中火より少し弱めの火で静かに蒸す。豆腐のほうに薄い塩味をつけ、椀種か煮物に使う。

二三　梨《なし》豆腐

青干菜《あおほしな》を炙《あぶ》って粉末《ふんまつ》にし、摺り豆腐にまぜる。適当な大きさにとり、布巾《ふきん》で包み、ゆでる。調味は好みでよい。

昆布をよく炙って、粉にし、右のように作るのを墨染《すみぞめ》豆腐という。

#木綿豆腐を用いる。

梨子地蒔絵《まきえ》のように平均に仕上げるには、青干菜（ゆでた青菜を乾燥させたもの）を少しずつ混ぜ合わせること。

二四　墨染豆腐

右の梨豆腐を参照。

#木綿豆腐を用いる。

墨染豆腐は僧衣の墨染衣の趣きがあればよいので、真っ黒にすることはない。

二五　よせ豆腐

おぼろ豆腐を、適宜、美濃紙に包み、湯煮する。

#木綿豆腐、絹ごし豆腐のいずれを用いてもよい。

二六　鶏卵《たまご》豆腐

豆腐の水をよくしぼり、葛粉《くずこ》をつなぎに入れ、よく擂る。少し固めがよい。にんじんの芯のない、よいものを丸むきにし、できるだけ軟らかく煮て、右の擂り豆腐で巻くように包み、さらに、竹皮で巻いてしばり、湯煮して、小口切りにする。

にんじんのかわりに、甘藷《かんしょ》（さつまいも）を用いてもよい。

#木綿豆腐を用いる。

にんじんでも、さつまいもでも必ず葛粉をていねいにまぶしてから巻き包むこと。

通　品

二七　焼豆腐

#木綿豆腐を用いる。

二八　揚げ豆腐

#木綿豆腐を用いる。

二九　おぼろ豆腐

#木綿豆腐を用いる。
木綿豆腐を流すときの固まりはじめのもろもろした状態のもので、豆腐のように持ち帰ることはむずかしい。

三〇　絹ごし豆腐

三一　揚げ田楽

#木綿豆腐を用いる。

三二　竹輪豆腐

#木綿豆腐を用いる。

三三　青豆豆腐

#木綿豆腐を用いる。

枝豆を摺《す》り、豆腐と摺り合わせて蒸すか、湯煮する。あるいは、胡麻豆腐のように葛と練り合わせて流す。

三四　やっこ豆腐

#木綿豆腐、絹ごし豆腐のいずれを用いてもよい。

夏の冷や奴《やっこ》、冬の湯豆腐といえば、豆腐料理の双璧であろう。どちらに軍配を挙げるかは各人各様の好みである。本書では、湯豆腐は絶品とされているから、このやっこ豆腐は、いわゆる冷や奴であろう。なんの手間もかからぬので、通品にとどめられたのか。

三五　葛田楽（祇園豆腐のこと）

#木綿豆腐を用いる。

三六　赤味噌の敷き味噌豆腐

#木綿豆腐を用いる。

佳品

三七　なじみ豆腐

最上の白味噌をよく擂《す》り、酒で中くらいの薄さにのばす。豆腐を適当な大きさに切り、二時間ほど漬け、そのまま文武火《ぶんぶか》（強からず、弱からず、中くらいの火）で煮立てる。葱《ねぎ》のざくざく、青唐がらし、おろし大根を置く。器は柚味噌皿*1などがよい。

*1柚味噌皿　柚味噌（柚子の絞り汁や皮を切りきざんだものをすり混ぜて練った味噌）を盛りつける小皿。

#木綿豆腐を用いる。
豆腐は軽く水切りし、漬けこまずに煮てもかまわない。

三八　苞《つと》豆腐

豆腐の水をよくしぼり、甘酒を擂りまぜて棒状にし、竹簀《たけす》で巻いて、蒸し、小口切りにする。

＃木綿豆腐を用いる。

三九□今出川《いまでがわ》豆腐

鍋に昆布《こんぶ》を敷き、鰹《かつお》のだし汁と酒塩で豆腐を煮込む。途中で醤油を差し、煮かげんをみて薄葛《うすくず》をひき、碗へよそって胡桃《くるみ》の実の砕《くだ》いたものをふる。

＃木綿豆腐、絹ごし豆腐のいずれを用いてもよい。

胡桃は炒ったほうが香ばしい。

四〇　一種の黄檗豆腐

薄醤油と酒塩を合わせ、よく煮立てる。別の鍋に油を沸かし、豆腐を平骰（大きめの平らな骰の目）に切って金《かね》の網籠《あみかご》に入れ、その揚げ油の中につけて、二、三度ふりうごかしてから、すぐに煮立てた醤油の鍋へ入れ、味かげんよく煮る。

一説に、水気をよくしぼって、一〇の雷豆腐（36ページ参照）のようにつくるのを黄檗《おうばく》豆腐という。

＃木綿豆腐を用いる。

四一　青海豆腐《せいがい》

絹ごしのすくい豆腐を、葛湯《くずゆ》*1でほどよく煮る。別に、生の煮返し醤油をこしらえておき、出し際に豆腐をよそった椀の中へ差し醤油にする。さらに、青海苔を焙炉《ほいろ》*2であぶり、細かにもんで、ふるいにかけたものを、ぱっとかける。

*1すくい豆腐　豆腐を金杓子で適当な大きさにすくいとったものをいう。

*2焙炉　焙《ほいろ》、助炭《じょたん》、はしゃげともいう。底に良質の厚手の和紙を張った乾燥器で、炭火を用い、茶、海苔、若和布《わかめ》などをあぶる。

#絹ごし豆腐を用いる。

四二　浅茅田楽《あさじ》

豆腐を薄醤油でつけ焼にして、梅醤《うめみそ》*1をぬり、炒った罌粟《けし》の実をびっしりとかける。

*1梅醤　梅びしお（醤）のこと。

#木綿豆腐を用いる。

この場合の薄醤油の作り方は、醤油一、煮切り酒五の割合でよい。

四三□海胆《うに》田楽

うにを酒でほどよく溶《と》いて用いる。ふつうの田楽のようにする。対馬《つしま》と、肥前《ひぜん》（長崎県）平戸産のうにが最上品で、越前（福井県）の藍川《あいかわ》産はこれにつぐ。

#木綿豆腐を用いる。

うには、酒で溶いただけでは豆腐につきにくいので、卵黄も加えるとよい。

四四　雲かけ豆腐

豆腐を適当な大きさに切り、寒曝《かんざらし》の糯《もち》の粉《こ》[*1]をまぶし、蒸してから、山葵味噌をかける。山葵味噌の作り方は、八二茶豆腐の項（73ページ）を参照。

＊1寒曝の糯の粉　白玉粉。糯米の粉砕したものを水で洗い、毎日水をかえて三〜十日くらい寒水に晒《さら》したのち、天日乾燥したもの。米粉中、最も美味なものといわれ、団子、菓子などの原料にして用いられる。古く河内《かわち》の観心寺の名物だったので、観心寺粉ともいう。

#木綿豆腐、絹ごし豆腐のいずれを用いてもよい。

四五　線麪《せんめん》豆腐

豆腐をよく摺ってこし、卵の白身をつなぎに入れる。美濃紙をまな板の上に敷き、豆腐を包丁《ほうちょう》で薄く、むらなくのばし、湯気のたつ沸湯《ふっとう》をかけ通す。水につけ、冷やしてからとり出し、できるだけ細く切る。

右の品を、焼き鍋でころがしながら焼くのを、稭《しべ》豆腐という。

#木綿豆腐を用いる。

切る前に和紙をはがすのを忘れないように。

四六□稭《しべ》豆腐

右の線麪豆腐の項を参照。

#木綿豆腐を用いる。

四七　薯蕷《いも》かけ豆腐

山芋をおろし、よく摺っておく。鰹《かつお》のだし汁に、醬油を少し辛めに仕立て、くらくらと煮えたたせ、金杓子《かねじゃくし》で摺った山芋を、すくい入れ、ふんわりとふくれあがってくるのを器によそう。

一〇〇真のうどん豆腐（85ページ参照）を葛湯でかげんよく煮、湯を切り、あたためた小さめの奈良茶碗によそい、右の山芋の煮あがったのをかける。芋の鍋と豆腐の鍋の煮かげんの息が合うことが大事である。したがって、二人がかりで作る。胡椒《こしょう》の粉や青海苔の粉末をふるのが最もよい。

#木綿豆腐を用いる。

熱源が薪・炭からガス・電気にかわり、二人がかりでなくとも作れるが、料理の下準備だけはきちんとすること。山芋は卵白をよく摺り合わせて入れるときれいにできる。

四八　砕《くだ》き豆腐

一〇雷豆腐の項（36ページ）を参照。

#木綿豆腐を用いる。

四九□備後《びんご》豆腐

豆腐を軽く焼いて、酒だけで煮る。出し際に、醤油で味かげんし、花がつおとおろし大根を置く。これは草の織部豆腐である。織部豆腐は続編（169ページ）を参照。

#木綿豆腐を用いる。
豆腐はバーナーで焼き目をつけてもよいし、焼豆腐を利用するのもよい。

五〇□小竹葉《おざさ》豆腐

焼きたての豆腐をつかみくずし、醬油で和調《あんばい》し、卵とじにして、摺り山椒をふる。

#焼豆腐を用いる。
焼きたての香ばしさを賞味するのだから、焼きたてのものを買うか、焼豆腐を作る手間を惜しまぬこと。

五一　引きずり豆腐

豆腐を適当な大きさに切り、葛湯で煮、網杓子《あみじゃくし》ですくい、器へよそう。山葵《わさび》味噌を少しからめにして、器の蓋《ふた》にぬりつけて出す。もし、それを知らない人が、蓋をとり、豆腐ばかりではないかと思う、仕掛けの面白さを狙ったものである。さて、蓋を返し、豆腐に味噌をつけながら食べる。味噌の濃い薄いのかげんが大事である。
山葵味噌は八二茶豆腐の項（73ページ）を参照。
#木綿豆腐、絹ごし豆腐のいずれを用いてもよい。

味噌は蓋の裏にしっかり付くほどの濃さが必要。中途半端な柔らかさだと、碗の湯気で落ちることもある。

山葵は味噌に練り込まず、添えておいたほうが風味がよい。山葵が高いからといって、練り山葵や粉山葵をというのは感心しない。山葵とは別のものである。

五二　うずみ豆腐

熱灰《あつはい》の中に埋めて作る埋《うず》み豆腐と同名だが、できあがりの違うものである。九八雪《ゆき》消飯《げめし》の項（83ページ）を参照。

#木綿豆腐、絹ごし豆腐のいずれを用いてもよい。

五三　釈迦《しゃか》豆腐[*1]

豆腐を中骰に切り、笊籬《いかき》に入れてふり、角をとる。葛をあらく米粒ぐらいに砕《くだ》き、豆腐にまぶし、油で揚げる。

＊1釈迦豆腐　釈迦の螺髪《らほつ》（縮れた巻き毛の頭髪）を写した料理。

#木綿豆腐を用いる。

五四　瞿麦豆腐《なでしこ》

青味噌がけ豆腐を作り、薯屑《じょこ》と唐がらしをばらりとかける。

薯屑の作り方　山芋をよく湯煮して、しばらく置き、水気を切り、銅篩《かなすいのう》*1でこす。唐がらしは芯と種をとり、できるだけ細く針に刻む。

*1銅篩　底を針金の網で張った篩《ふるい》。

#木綿豆腐を用いる。

山芋は乾いた布巾の上にとって水気を切り、熱いうちに漉《こ》す。唐がらしは種をとり、湯に浸して、しんなりさせてから切る。

五五　沙金豆腐《しゃきん》

豆腐を丸のまま油で揚げる。その豆腐の一方を切りそぎ、中をくりぬいて、その中へ鴨の肉、鯛の切り身、木耳《きくらげ》、銀杏《ぎんなん》の加料《かやく》を入れ、卵を七分目ほど入れて、口を昆布か干瓢《かんぴょう》で結び、酒煮にし、摺り山椒を置く。

#木綿豆腐を用いる。

油揚げを利用する。具は醬油と酒で薄味をつけて、溶き卵をからめて袋に入れる。

五六　叩《たた》き豆腐

焼豆腐七分、ふくさ味噌[*1]三分の割合でまぜ、菜切り包丁でよく叩いて適量にまとめ、油でさっと揚げる。調味は好みでよい。

＊1ふくさ味噌　二種類の味噌を合わせたもの、つまり、合わせ味噌のことをいう。ふくさ（袱紗）は、表裏二枚を合わせて作る。これから連想してふくさ味噌という。

＃焼豆腐を用いる。

豆腐と味噌はざっとまぜ合わせる。つなぎに卵白を入れ、小麦粉を打って揚げるとよい。冷めても味が変わらない。むしろ、冷めたほうがおいしいかも知れない。漉《こ》し味噌でなく、粒味噌を荒叩きにして用いたほうが、味噌の風味が楽しめる。大徳寺納豆《なっとう》や浜納豆を応用すると風雅な味に仕上げられる。

五七　蜆《しじみ》もどき

豆腐をまるごと、水気を加えず、文武火《ぶんぶか》（中火）で煮る。水が出てくるたびに、金《かね》匙《さじ》（スプーン）ですくい取り、豆腐が煮かたまって、ぽろぽろとしじみの身のようになったら、油でさっと揚げ、しじみの調味と同様に、薄醤油で煮て、青山椒を置く。

#木綿豆腐を用いる。

あらかじめ水を切っておけばよいのでは、最初から適当な大きさに角切りすれば早くできるのでは、と考えて、できあがりの時間を短縮することばかりに気をとられていると、折角の料理名にそぐわぬものができやすい。

五八　玲瓏《こおり》豆腐

寒天《かんてん》を煮溶かし、その煮汁で豆腐を煮て、さましてから使う。調味は好みでよい。

#絹ごし豆腐を用いる。

できあがりは、豆腐を寒天で包みこんだ形になる。あらかじめ流し缶を用意し、豆腐も好みに切りそろえて並べ、煮溶かした寒天を流す。料理の一品として酢醬油をかけて出しても、甘味として、黒蜜をかけて出しても喜ばれる。

五九　精進《しょうじん》の海胆《うに》田楽

麴《こうじ》、みりん、醬油の三品を同量ずつ合わせ、唐がらしの粉を加え、しばらく寝かせる。味が馴れたらよく摺り合わせ、四三海胆田楽（53ページ参照）と同じように仕立てる。

#木綿豆腐を用いる。

六〇　繭《まゆ》田楽

つきたての餅を、花びらのように薄くのばして、少しあぶり、田楽の山椒味噌焼を、この餅で、くるりと包む。

#木綿豆腐を用いる。

つきたての餅とはいかぬだろうから、道明寺を利用するとよい。

六一　簑《みの》田楽

辛みを取り合わせて味噌へ摺《す》りまぜ、ふつうの田楽に仕立て、花がつおの大きさのきれいにそろったものを、味噌の上にびっしりと置く。

#木綿豆腐を用いる。

うっかり田楽味噌が足りなくなるときもある。そんなときに応用ができる。からし、粉山椒、山葵、唐がらしなど、好みの辛《から》みをいつもよりきかせ、味噌の量の少なさは、花がつおが、化粧もし、味も補ってくれる。

六二　六方焦着豆腐《ろっぽうやきめ》

豆腐一丁を四つ切りぐらいの大きさにして、角に切り、四方上下ともに焼き鍋で焼く。もちろん、水気を切って、鍋に油を少し引くこと。調味は好みでよい。

#木綿豆腐を用いる。

大根おろし、葱《ねぎ》など何種類かの薬味を用意し、焼きながら生醤油でたべるのがうまい。もちろん、椀種や煮物にもする。

六三　茶《さ》れい豆腐

大平鍋の底に笹《ささ》をびっしりと敷き並べる。その上へ豆腐一丁を五つ切りぐらいにしたものを、やはり、びっしりと並べ、その上へふくさ味噌を厚く敷く。さらに、笹を敷き、豆腐を置いて味噌を敷きというように、二、三遍くりかえす。それを半日あまり煮る。

平茶碗へよそい、摺り山椒をふる。笹を敷いたままよそってもよい。

また、ふくさ味噌で終日煮て、味噌を取り除き、いかように調味してもよい。これを草の茶れい豆腐という。

#木綿豆腐を用いる。

豆腐は軽く水切りをする。ふくさ味噌は、酒でゆるめてたっぷり用意する。半日も煮るのだからこげつかぬよう火加減に気をつける。

六四□糟《かす》入り豆腐

豆腐をよく摺り、古酒でやわらげ、加料《かやく》に味をつけて入れ、煮る。

切り身には塩鯛か、口塩（薄塩）の鱈《たら》か、白鯨を用い、鳥肉には雁か鴨を使い、焼き栗、木耳《きくらげ》、油揚げ、松露《しょうろ》などを入れる。
#木綿豆腐を用いる。
酒は古酒でなくともよい。豆腐は摺りつぶしすぎないようにし、酒糟入りの趣きを漂わしたい。具はあらかじめ、下煮しておくこと。

六五　香魚《あゆ》（鮎）もどき

豆腐を長く柱状に切り、軽く油で揚げて、蓼酢《たでず》[*1]をかける。
＊1蓼酢　主に鮎の塩焼きに用いる調味料で、青蓼の葉をすりつぶし、裏漉しして酢を加えたもの。
#木綿豆腐を用いる。
油で揚げたら、さっと塩をふるのを忘れないように。

六六　小倉《おぐら》豆腐

浅草海苔を豆腐によく摺りまぜ、まな板へのばし、小さめの色紙や短冊に切る。調味は好みでよい。
#木綿豆腐を用いる。

六七　縮緬《ちりめん》豆腐

一七ぶっかけうどん豆腐の項（40ページ）を参照。

#木綿豆腐、絹ごし豆腐のいずれを用いてもよい。

六八　角飛龍頭《かくひりょうず》

杉の薄板で笹箱を作り、大きさに合わせて、一九飛龍頭（41ページ参照）の加料《かやく》を詰め、湯玉がたつほどの沸湯《ふっとう》へ、箱の底が浸るくらいまでつけ、よく蒸す。とり出して適当に切り、胡麻油《ごまあぶら》でさっと揚げる。

#木綿豆腐を用いる。

わざわざ杉の薄板で笹箱を作ることもない。ありあわせの折箱か流し缶にきちっと入れ、よく蒸気の上がっている蒸し器に入れ、中火で十五分ほど蒸すとよい。すっかり冷めてから抜き出して揚げること。

六九　焙炉《ほいろ》豆腐

一五押し豆腐（39ページ参照）を繊切りにし、薄味をつけ、しばらくまな板にひろげ、乾かし、焙炉にかける。

#木綿豆腐を用いる。

七〇　鹿子《かのこ》豆腐

豆腐の水気をしぼり、よく摺《す》る。蒸しすぎない程度のほどよい煮かげんの小豆《あずき》をまぜ合わせ、適当な大きさにとって蒸す。後の調和は好みでよい。

#木綿豆腐を用いる。

七一□うつし豆腐

鯛の大きい切り身と大きな骰の目に切った豆腐と一つ鍋で湯煮し、切り身を取り出し、豆腐だけに老姜《しょうが》醬油をかけ、摺り柚を置く。

#木綿豆腐を用いる。

切り身より、あらのほうが良い味が出る。ただし、豆腐があらと当たってこわれないように気をつけること。

七二　冬至夜《とうや》豆腐

豆腐の布目を取り、四角形になるように切って形をととのえ、さらに角を切りおとして八角形にする。五、六分（約一・七㎝）の小口切りにし、酒塩、醬油《しょうゆ》で味かげんして、汁をしぼる。白胡麻《しろごま》、白豆腐をよく摺り合わせたものをかける。もちろん、八角形に作るときの豆腐の切り屑《くず》を摺って使う。

紫野大徳寺の冬夜豆腐[*1]《とうや》は、丸焼きの小口切りを味噌でよく煮て、右の衣をかける。冬至《とうじ》の夜、大徳寺一山の各院すべてが、この豆腐を煮る。時節の料理である。

＊1紫野大徳寺　京都市左京区紫野にある臨済宗大徳寺派の大本山で、千利休《せんのりきゅう》や小堀遠州《こぼりえんしゅう》などが庵《いおり》を結んだこともあってか、茶道との縁が深い。また大徳寺派の精進料理でも有名で、現在も門前には精進料理店一久がある。

#木綿豆腐を用いる。

七三　味噌漬豆腐

一五押し豆腐（39ページ参照）を美濃紙に包み、味噌に一夜漬けこむ。調味は好みでよい。

#木綿豆腐を用いる。
豆腐はしっかり水切りする。包むものは、寒冷紗かガーゼでもよい。味噌は、煮切った酒で少しゆるめる。調味（原文は「和調《ちょうみ》」）は好みで、とあるのは一種類の味噌でなく、二、三種類の味噌を合わせる割合は好みで、ということであろう。砂糖やみりんの甘味を加えるのは合わない。

七四　豆腐麪《めん》

一〇雷豆腐の項（36ページ参照）の砕き豆腐のようにし、青菜のみじん刻みと豆腐を半々の割合で合わせて、油で炒め、水を差して煮る。

そうめんを少し固めにゆでて、よく洗ったものを、これに入れ、醤油で味つけする。
#木綿豆腐を用いる。
そうめんは芯があるくらいに茹でる。油を多めにして火は強火で一気に仕上げるのがコツ。水を差す必要はない。

七五　蓮《はす》豆腐

蓮根《れんこん》をおろし、豆腐の水をしぼり、等量ずつ混ぜ合わせ、適当な大きさにとって、美濃紙に包み、湯煮する。

白味噌と胡麻《ごま》を半々に摺りまぜ、白砂糖を少し加え、温めて敷き味噌にする。辛みは適当なものを見合わせ、右の蓮豆腐をよそう。

＃木綿豆腐を用いる。

白味噌と合わせる胡麻は、炒ってから摺ること。

七六　光悦《こうえつ》豆腐

酒をしばらく煮立て、酒香《さかけ》を飛ばしておく。豆腐の布目をとり、大きめの田楽にして塩をまぶし、きつね色になるように焼き、右の酒へ入れて煮る。

#木綿豆腐を用いる。

七七　真のけんちん

豆腐一丁を十二ほどに切り、油でさっと揚げ、一つを二片に割って細く切る。栗、皮牛蒡《かわごぼう》を針に切る。木耳《きくらげ》、麩《ふ》を細く切り、芹《せり》はみじんに刻む。芹のないときは青菜を代用する。銀杏はふたつ割りにし、以上の七品を合わせて約一升ほどの分量にする。これに対し油一合を用意する。油をよく沸かし、銀杏、牛蒡、芹を炒りつけ、次に木耳、麩、豆腐、栗を入れて、何度も返しながら醬油で味をつけ、さましておく。湯葉《ゆば》を水に浸し、まな板にひろげて、七品の具を厚さ四、五分（約一・五㎝）にまんべんなく敷き並べ、よく巻きつけて干瓢《かんぴょう》で結ぶ。
また、巻止めには、葛粉を水で固くこねたものを、ぬりつける。油でよく揚げたら、七、八分（約二・三㎝）ずつに切る。豆腐は油で三度揚げることになる。けんちん酢で食べる。

けんちん酢の作り方　上等の厳い酢《きぶす》（混ざりもののない強い酢）と醬油と同量ずつ合わせ、しぼり生姜をたっぷり入れ、絹《きぬ》ごしにして用いる。
また、別の作り方は、右の六品の加料《かやく》を油で炒りつけ、摺り豆腐にまぜる。湯葉は油を用いず、生の湯葉で加料を巻きくって、醬油と酒塩で味をつける。これを草のけんちんという。

#木綿豆腐を用いる。
具は、溶き卵でからんでから、湯葉で巻く。あるいは葛粉を全体にまぶしてもよい。そうしないと具がまとまらないし、湯葉で巻いてもなじまない。

七八　交趾《こうち》[*1]田楽

ふつうの田楽のように串に刺し、胡麻油をぬり、唐がらし味噌のつけ焼にする。

＊1交趾　ベトナムの北部ソンコイ川流域ハノイ地方の古称。わが国とは、天正年間から

慶長年間にかけて、貿易はじめ、様々な交渉があった。外来産の胡麻油、唐がらしなどを用いたのでつけられた料理名か。

#木綿豆腐を用いる。

七九　阿漕《あこぎ》*1田楽

豆腐をほどよく切り、さっとあぶり、すぐに薄醬油で煮染めて汁気を切り、胡麻油で揚げる。それに味噌をつけて、田楽にして焼き、摺り柚をかける。油を用いず、醬油のつけ焼にして、少し乾かし、それに味噌をつけて焼く。焼きかげんが大事である。両方とも焼きすぎないようにする。これを再び田楽という。

＊1阿漕　三重県津市のある海岸一帯をさす地名。伊勢神宮に魚を供えるために、禁漁区とされていたが、ある漁夫が、禁を犯して密漁し、たびたび捕られたという伝説がある。

#木綿豆腐を用いる。

薄醬油で煮るとき、軽く、さっと味をつける程度にする。

八〇□鶏卵《たまご》田楽

卵を割り、醤油と酒塩を少し入れ、酢はごく少量を加え、よくかきまぜ、これを田楽にぬってあぶる。ふくれてくるのを、できあがりの目安とする。罌粟《けし》の実とおろし山葵を置く。

#木綿豆腐を用いる。

八一　真の八杯豆腐

絹ごしのすくい豆腐を用い、水六杯と酒一杯をよく煮返した後、醤油一杯を足し、さらによく煮返し、豆腐を入れる。煮かげんは、九七湯やっこ（82ページ参照）のようにする。おろし大根を置く。

#絹ごし豆腐を用いる。

八二□茶豆腐

豆腐十丁に最上の茶一斤（六〇〇g）の割合で、まず茶を煮だし、煮えたったところへ、豆腐の布目をとって入れる。よく煮て、茶色に染まったら、別に茶を煮て、出花のところへ入れなおす。茶をしぼり、煮返した薄醤油、花がつお、針山葵を置く。
また、山葵味噌でもよい。

山葵味噌の作り方 味噌に白胡麻と胡桃《くるみ》をよく摺り合わせておいて、食べるときに、摺り山葵を入れる。
胡桃味噌でもよい。

#木綿豆腐を用いる。

八三 石焼豆腐

本来は石で焼くのだが、替りに焼き鍋を用いる。炭火を強くおこし、焼き鍋に油を少し入れ、よく塗りまわす。ただし油をひくというよりは少し多めに入れる。豆腐を一寸（三㎝）角、厚さ三分（一㎝）ほどに切り、鍋にちょっと置けば、おどり動くのを、すぐに卵すくいで打ち返し、おろし大根、生醤油で食べる。

青海苔を炙《あぶ》り、よく粉末にし、方盤《おしき》*1のようなものにひろげ、油をよく熱し、少しずつすくい、海苔《のり》の上へたらしてころがし、よくかきまぜ、弱火にしばらくかけ、醤油で味つけしたものを、右の豆腐につけて食べるのを炒《い》り豆腐という。

焼き鍋の替りに、古い犂《からすき》の鑱《さき》*2（図）を用いるのを犂《からすき》焼という。

＊1方盤　折敷。へぎ折敷の略式。四方に縁をつけた檜の薄板で作った角盆で、食器や神饌《しんせん》をのせるのに用いる。

＊2犂の鑱　図にあるように、鋤《すき》の一種で、これに柄をつけ牛や馬に引かせて耕作に用いていた。鋤焼は関西で古くから行なわれていた料理法で、主に獣肉を油をひいて焼いていた。

#木綿豆腐を用いる。

現在のトーフステーキと思えばよい。豆腐の真の味を味わうにはうってつけの料理法。焼きすぎないように気をつける。

八四　犂焼《からすきやき》

右を参照。

#木綿豆腐を用いる。

八五　炒《い》り豆腐

同じく、右の石焼豆腐の後半に出ているので参照のこと。

#木綿豆腐を用いる。

八六□煮ぬき豆腐
鰹《かつお》のだし汁で、文武火（中火）で、終日朝から夕方まで煮る。豆腐はスが立ってくる。
#木綿豆腐を用いる。

八七　精進《しょうじん》の煮ぬき豆腐
右の煮かげんと同様にする。昆布のだし汁に山椒を加え、終日煮る。山椒を加えるのが秘訣である。昆布を取り出す前から入れておく。
#木綿豆腐を用いる。

八八□骨董《ごもく》豆腐
豆腐一丁に十文字に切り目を入れる。切りはなさないように半ばまでの深さとする。葛湯で丸煮にし、鉢《はち》へ移す。
生の煮返し醤油を、生盛《いけもり》*1のように鉢の底に溜め、その上に花がつおを一面に置く。広島のり、*2唐がらしのざくざく、葱《ねぎ》のざくざく、おろし大根を、右の上へのせ、座敷へ持ち出してからごちゃまぜにし、小皿へ取りわける。

夏に、豆腐、醬油とも生のままで、右のように調《ととの》える。つまりは、やっこ豆腐を変えた調理法である。

＊1生盛　なますの一種。なますの調味は酢が主であるが、室町時代より、酢の代わりに酒、あるいは煎酒《いりざけ》が用いられるようになり、和えずにたっぷりと溜めて出す「生盛」という料理があった。材料は塩漬、粕漬等の魚肉だったが、江戸時代には、鮮魚を材料にするようになり「刺身生盛」と呼ばれた。これも「生盛」という。

＊2広島のり　日光のり、富士のり、水前寺のりのような淡水産の川のりの一種であろうか。

#木綿豆腐を用いる。

八九□空蟬豆腐《うつせみ》

五七蜆《しじみ》もどき（60ページ参照）と同じように作る。なお、よく水をすくい取って炒り、おからのようになったら、胡麻油、酒塩、醬油を入れ、おからを炒る[*1]要領で煮る。卵をもみ、紅鯛の身を入れ、杓子でよく練る。山椒、麻の実を入れる。一名、ホロカベ豆腐ともいう。

＊1おから　豆腐を作るときのしぼりかす。「雪花菜《きらず》」「卯の花」ともいう。
#木綿豆腐を用いる。

九〇　えび豆腐

生のえびを包丁で叩き、細かく砕く。擂鉢《すりばち》で擂《す》るのはよくない。別に豆腐をよく擂り、右の叩きえびをよくまぜ合わせて、一〇雷豆腐（36ページ参照）の加料《かやく》を入れて、油炒りにして味をつける。

えびのない時節には、伊勢《いせ》えびをゆでて、叩いて用いる。
#木綿豆腐を用いる。
えびも豆腐も荒叩きがよい。えびは小さいほうがうまい。芝えび、車えび、伊勢えびの順である。

九一　加須底羅《かすていら》豆腐

上々の古酒を煮返して酒香《さかけ》のないほどにし、豆腐を丸のまま、十分にひたるように入れ、文武火（中火）で煮る。いったんはふくれて大きくなるが、その後しまって小さくなったら、できあがりである。

#木綿豆腐を用いる。

八六煮ぬき豆腐もそうだが、当時の人はスが入った豆腐をうまいと思っていたのだろう。加須底羅を写したということで、なお評判を得たか。

九二　別山焼《べつさんやき》

温飯《うんぱん》を手で少しもむ。こうすると、後で串に刺す時、砕けずにすむ。小さくつくね状にして、胡椒《こしょう》味噌《みそ》で包み、串に刺し、少し焼いて温めておいた小さめの奈良茶碗に二つ入れ、煮かげんのよいうどん豆腐を網杓子ですくい、ざぶりとかける。

別山とは禅師の名であるという。

#木綿豆腐、絹ごし豆腐のいずれを用いてもよい。

飯はさめないうちによくこねて、しっかりした握り飯を作る。形は少し平らにしたほうが串を打つにも、焼くにも都合がよい。

九三　包み揚げ豆腐

豆腐は適当な大きさに切り、美濃紙で沙金《しゃきん》嚢包《ふくろづつ》み（図）に包む。まな板に乾いた灰を厚さ四、五分（約一・五㎝）に敷き、その上へ乾いた

布を敷き、さらに紙を一枚敷き、その上へ包んだ豆腐を並べ、しばらく置いて水気を取る。水を取りすぎると、固くなるのでよくない。

包んだまま胡麻油で揚げ、紙をはずして薄醤油と薄葛で煮て、摺り山葵をおく。

これは雪白《ゆきしろ》揚げともいう。

#木綿豆腐を用いる。

豆腐の水を切る方法として、灰の上に豆腐を置くというのは、味をあまりこわさず、柔らかく水を抜くのに役立っている。微妙な味を大切にした工夫がしのばれる。

絶品

九四　揚げながし

豆腐を適当に切り、胡麻油で揚げ、揚げ鍋からすぐに水へ移し入れて油気を切る。別に葛湯をくらくらと煮えたたせておき、油抜きした豆腐を入れ、九七湯やっこ(82ページ参照)の煮かげんで煮る。山葵味噌をかける。

山葵味噌は八二茶豆腐の項(73ページ)を参照。

#木綿豆腐を用いる。

揚げ鍋のそばに流しがあるなら、蛇口《じゃぐち》の下にボールを置いて、水は流しっ放しにしておく。そうでなければ、大きめのボールにたっぷりと水を張って鍋《なべ》の隣に置き、あまり油ぎらぬうちに取りかえるようにする。どちらにしても、手早く水からあげること。

九五□辣料《からみ》豆腐

鰹のだし汁、薄醤油をたっぷりと鍋に張り、生姜を摺って多めに入れ、終日煮こむ。

だいたい、豆腐一丁によくこえたひとにぎりくらいの生姜十個ばかりの分量とする。
#木綿豆腐を用いる。
生姜はいたみのない、きれいなものなら、皮つきのまま摺ってよい。生姜十個は多すぎる。まず、二、三個で作ってみるとよい。

九六　礫《つぶて》田楽

豆腐を八分四方（約二・五cm角）、厚さ四、五分（約一・五cm）に切り、ひと串に三つずつ刺し、二雉子焼田楽（30ページ参照）のようにきつね色に焼く。串を抜いて、そのまま楽焼《らくやき》の蓋《ふた》茶碗に入れ、からし酢味噌をかけ、罌粟《けし》の実をふる。
#木綿豆腐を用いる。

九七□湯やっこ

豆腐を八、九分（約二・七cm）の大骰に切るか、拍子木豆腐といって五、七分（約二cm）角、長さ一寸二、三分（約三・五cm）の大きさに切る。葛湯を湯玉のたつほど煮たたせ、豆腐を一人分入れ、蓋をせず、見ていて少し動いてまさに浮きあがろうとするところをすくいあげ、器に盛る。浮きあがってしまっては煮すぎである。その塩梅《あんばい》は一瞬である。

もちろん、器は温めておかなければいけない。

生醤油を煮たたし、花がつおを入れ、湯を少しばかり差し、もう一度煮たたし、絹ごしにして別の猪口《ちょく》に入れ、葱のざくざく、おろし大根、唐がらしの粉を入れる。

京都では、これをただ湯豆腐といい、大坂では、湯やっこという。豆腐の調和《ちょみ》としては第一級品である。

古法では泔水《しろみず》（米のとぎ水）で煮るとあるが、葛湯には及ばない。

#木綿豆腐、絹ごし豆腐のいずれを用いてもよい。

いつもは何気なく食している湯豆腐だが、一度、真正面から取り組んでみたらどうだろう。豆腐は勿論のこと、水を吟味し、鍋を選んで、さらに醬油、薬味、また、取り皿、箸にも気を配る。はては、酒にもこだわりたくなるであろう。豆腐料理の根元に触れることができるかも知れない。

九八　雪消飯《ゆきげめし》

一〇〇真のうどん豆腐（85ページ参照）のように切り、八一真の八杯豆腐（73ページ参照）のように煮て、温めておいた小さめの奈良茶碗に入れ、おろし大根を置き、その上へ湯とり飯をよそう。風味は消え入るようで、これはすがすがしい味である。第二品と下らない。

湯とり飯[*1]は、最も精米された米の飯をたき、沸湯《ふっとう》へ入れてかきまわし、笊籬《いかき》へあげ、また、もとの釜へ入れて、火気のある竈《かまど》へかけ、よく熟《うま》す。

一八敷き味噌豆腐（41ページ参照）の上へ、右の湯とり飯をよそい、または四九備後豆腐（55ページ参照）の上へよそい、あるいは木の芽田楽の上へよそう等々、みなすべて、うずみ豆腐という。

＊1湯とり飯　米をとぎ、多めの水を加え、煮えはなのころに湯をとり、再びたいて蒸した飯。

#木綿豆腐、絹ごし豆腐のいずれを用いてもよい。

九九　鞍馬《くらま》豆腐

豆腐一丁を二つ切りぐらいにして、油で揚げ、皮をむきとって丸く造り、湯煮して、梅醬《うめびしお》をかけ、罌粟の実か胡麻をふる。

また、酒塩、薄醬油で煮て、摺り山椒を置く。

#木綿豆腐を用いる。

一〇〇□真のうどん豆腐

鍋を二つ並べ、両方とも湯をたぎらしておく。切った豆腐を網杓子ですくい、一方の鍋に網杓子ごと浸し、じきに温ためておいた器へよそい、もう一方の煮え湯をそそぎ入れ、供する。火にかけて煮ることもないのに、よい煮かげんになるのが不思議である。何十人にもてなすという時も、始終、煮かげんが少しも変わらない。

汁は醬油一升（一・八*l*）、酒三合（〇・五四*l*）、だし汁五合（〇・九*l*）を合わせて煮返し、別の中くらいの猪口に入れ、おろし大根、唐がらしの粉、葱のみじん刻み、陳皮*1の粉末、浅草海苔を加料《かやく》に用いる。または胡椒一品だけでもよい。

豆腐の切り方は、ところてんの突出しさきの網を絹糸でこしらえ、お湯の中へ向けて突き出す。ただし、突き出す手元まで湯へつかるようにすること。幾百人をもてなすという時でも、即時に切りだすことができる。

薄刃で切りだすには、まず、適当にあら切りし、豆腐の左のほうを左の掌《てのひら》でおさえ、左のほうから右のほうへ順次切ってゆく、切ったなら、左の掌と薄刃でそっとはさみ、うち返す。また、はじめのように切ってゆく。切っている間は、ひたすら、薄刃を水につけながら、切ってゆく。これは、すべて豆腐を切るときの技術である。

別の方法として、薄刃に酢を少しひくのもよい。

＊1陳皮　蜜柑の皮を乾燥させたもの。芳香性で苦味のある生薬。健胃、鎮咳、去痰の効力がある。薬味として一種でも用い、七色唐がらしとして、唐がらし・胡麻・芥子・菜種・麻の実・山椒などにまぜ合わせる。

＃木綿豆腐、絹ごし豆腐のいずれを用いてもよい。

豆盧子柔《とうろしじゅう》*1伝

豆盧子柔は、名前を鮒《ふ》*2、字《あざな》を子柔といい、代々、外黄県*3に住んでいた。先祖の仲《ちゅう》叔《しゅく》*4という人物は、秦《しん》の時代の末に、大ひでりが続いて戦乱が起こった時、楚《そ》の懐《かい》王《おう》*5に従って治粟都尉《ちぞくとい》（食料庁長官）となった。仲叔の勲功で、楚の軍隊は飢《う》えずにすんだのである。そのため、父の劫《こう》も若いころから、諸侯に混じって、漢の朝廷に祭祀儀礼の係りとして仕えていた。

武帝*6の時、西域から達磨《だるま》大師*7がやって来た。鮒は、これを聞くと、さっそく弟子になりたいと思って訪ねて行った。すると、達磨大師は、心を洗い清め、今までの皮相な学問（膚学《ふがく》）を捨て、私に従って学びたいというならよかろう、と言った。そこで、鮒は、いったん家に戻ると、三度沐浴《もくよく》して身を清め、衣類をあらため、余分に牙《きば》や角《つの》のようにくっついた知識の垢《あか》をとり、真心をもって、再び、達磨大師にまみえた。

達磨大師は、鮒の蔵している新旧の知識を試めそうとして、様々な手法を駆使して議論してみたのである。ところが、鮒という人物は、純粋でかざり気がなく、知っていることは滞《とどこお》りなく、筋の通った返答をし、判然としないところは、謹しみ深くしていた。その態度は、すがすがしく、立派なものであった。

達磨大師は大いに悦んで、おまえは、わが師のいう醍醐酥酪《だいごそらく》子[*8]のように仏の最上の教えを得ている者のようだ、と言って、鮒を皇帝に推挙したのである。曰く、「私が、ひそかに外黄県の布衣《ふい》（平民）、豆盧鮒という者に会ってみると、人格潔白で、心の美しさをもち、世味に澹然《たんぜん》としている。いわば、料理における名品、美酒のような人物です。どうかためしに使ってみてはいかがでしょう。『詩経』[*9]にも素食せず（才能もないのに俸禄だけ受けることはない）とあるではありませんか、子柔こそ、その言葉通りの人物です」

当時、皇帝は、国境付近の戦闘のことばかり考えていたので、役に立たない学者なんぞに用はない、と言った。

元鼎《げんてい》年間[*10]、鮒は皇帝に、白衣（無官）のままでよいから、煮棗侯《しゃそう》[*11]と博望侯《はくぼう》に従って出征したい、と願い出た。すると、皇帝は、鮒をからかって、おまえは、煮棗に従うのか、博望に従うのかと聞いた。

鮒は、私は臣として、陛下のおそばに侍って執務するに足る能力はとてもありませんが、煮棗侯や博望侯の間を常に行き来してはいても、いまだかつて、こびへつらって、焚いたり煎ったりしたことはありません。願わくば、将軍たちのまねごとをしてみたいのです、と答えた。

鮒のちょっとした言葉に味わいのある点を感じてか、皇帝は、さっきのは冗談で言ったのだ。しかし、お前はまだ白面の書生にすぎない。将軍たちは、おまえを歯牙《しが》にもかけず相手にはしてくれないだろう、と言った。

そこで、ついに、鮒は太官令に任命されたのだった。

非常に信仰心の篤い皇帝は、鮒に命じて、有名な儒者の公羊高《こうようこう》*12と魚豢《ぎょけん》*13とともに、宝鶏《ほうけい》の祠*14の神主に任命した。鮒は、はじめから、羊と魚の二人の人柄を喜ばなかった。そして、鮒は次のようにもらした。この二人は肉食をする者達で、交わるとけがれてしまいそうだ。やむをえず、同じ食卓を囲んで食事をしているが、深く恥じているのだ、と。

それからしばらくして、皇帝は甘泉《かんせん》*15に祠を祭り、ご自身もすぐ近くの竹宮で身を清くして静かに暮らしていた。刺激の強い野菜や酒をしりぞけて、鮒一人だけを召し出して相手とされた。

すると、鮒は、私は大した才能もなく、陛下に喜んで受け入れてもらえるだけの力量がありません。そこで、私の友人の汝南に住む牛氏の子穀《しこく》*16を代わりにご推挙申し上げます。彼は、当たりがよく美しい者ですから、と上奏した。

それに対し、皇帝は、牛子穀はたしかに美しくすぐれているが、口がうまくて言うことに甘みがありすぎるので、朕の嗜《この》みではない、とおおせになられた。

その晩のこと——。皇帝は、鮒の献上したものを心よく納められ、ご気分も、すこぶるさわやかそうであったが、夜半をすぎたころ、鮒より献上のことどもについて考えているうちに、肝脾（みぞおち）のあたりが冷えてくるのを感じられた。そこで、鮒を呼び出して、「お前が言ったことは、姜子牙《きょうしが》*17の輩と、あらかじめ相談した上でのことか」とお尋ねになった。

そこで、鮒は、「姜子牙を呼びにやったのですが、まだ、来ておりません」と答えた。

すると、皇帝は、「お前は、すんでのことで朕の腹心をだめにしてしまうところだったぞ」とおおせになられた。

こうして、皇帝は鮒の職を解かれたが、（鮒のために腹を冷やして具合が悪くなったので、温和平穏を衛《まも》るために）鮒の二人の息子を召し出して、その夜のうちに、長子を温衛侯に、次兄を平衛侯に任命した。それからは、決して鮒を召し出すことはなかった。

鮒は、非常に嘆き悲しみ、その気持が言葉や顔色に現れた。ところが、公羊高は、いまや自分の思い通りに志を遂げていたが、鮒が自分と違う態度をとったことを憎んでいたので、皇帝に、鮒を讒言《ざんげん》した。「豆盧鮒の言うことや顔つきからして、皇帝をお怨《うら》みしている様子を隠すことはできません」と。

鮒は、ついに甕《かめ》を抱いて、滁山《じょさん》[*18]に隠れてしまった。その後、鮒がどうしたのか知ることはできないのである。

太史公は[*19]、次のように記している。

――豆盧氏は漢代の末に現れたが、後魏の時代になってから名前が聞かれるようになった。唐のころの名士に欽望という人があったが、鮒の後裔ではなかろうか。鮒が白衣を着て[*20]（無位無官で）、武皇帝に拝謁にあずかったのは珍しいことである。しかし、仏教徒に推挙されたものであったから、君子は、同列には扱ってくれなかった――と。

＊1豆盧子柔伝　南宋の楊万里が、豆腐を擬人化して書いた架空の豆腐伝来物語。豆盧氏は、三国南北朝から唐五代にかけての中国北部地方の名族だが、ここでは、豆《とう》は大豆、盧《ろ》は濾《こ》す、子柔《しじゅう》の柔は豆腐の軟らかさをたとえたものである。本編は一種の寓話であり、裏に隠された意味を考えながら読んでいくと、また違った味わいがある。たとえば、鮒を豆腐と置きかえてみれば、チーズ、羊、魚、牛、生姜などが、それぞれの

立場を担って登場しているのがわかる。原本はむずかしい漢文で書かれているが、うまく訳出できたかどうか心もとない。

＊2鮒　鮒は腐に音が似ており、豆腐を暗示している。

＊3外黄県　中国では漢および隋の時代に、外黄県が置かれたという。豆腐の材料の黄大豆にかけてこの県名を用いた。

＊4仲叔　架空の人名。叔《しゅく》は菽《しゅく》に通じ、菽は豆を意味するので、これを用いた。

＊5楚の懐王　楚は、揚子江中流にあった国だが、紀元前二二三年、秦に滅ぼされた。懐王はこの時の国王で、欺《あざむ》かれて秦に客死したという。

＊6武帝　漢の武帝。時代は合わないが、戯文であるからわざとこじつけている。

＊7達磨大師　中国禅宗の初祖である菩提達磨のこと。南インド香至国第三王子で、般若多羅に仏法を学んだ。少林寺の壁に向かって九年間座し、悟りを開いたといわれる。

＊8醍醐酥酪子　架空の人名。醍醐も酥酪も牛乳を精製して作った食品をいう。特に醍醐は非常に濃厚な甘味で薬用とするが、仏法では如来の最上の教法にたとえる。醍醐酥酪子の子（学問のある人）は擬人化したので、つけ加えたもの。ここでは最も博学な知識者のたとえで、植物性の豆腐を動物性の醍醐に近いものとして登場させている。

＊9『詩経』　中国最古の詩集で、経書の一つ。風・雅・頌の三部三〇五編から成る。

＊10元鼎年間　中国の年号で、漢の武帝の時代にあたる。ここでは鼎が脚つきの釜であることから、豆腐料理との連想で用いたもの。

＊11煮棗侯　煮棗は河北省棗強県の西北にある城の名。次の博望は南陽郡に置かれた漢代の県名、ここでは煮棗侯に豆腐の料理法を連想させ、実在した漢代の博望侯と対にした名称として用いている。
＊12公羊高　羊の肉を諷した人物として登場。
＊13魚豢　魚肉を諷した人物として登場。
＊14宝鶏の祠　秦の文公が、珍しい石を祀ったという祠。
＊15甘泉　陝西省淳化県の西北、甘泉山にあったという宮殿。
＊16牛氏の子穀　ここでは、牛肉のことを諷した人物として登場。
＊17姜子牙　姜子牙は周代人で、呂尚と称し、太公望として知られる。ここでは生姜《しょうが》を諷した人物として扱われている。生姜には殺菌作用があり、豆腐に合うところから用いられている。
＊18滁山　安徽省東部の滁県の山間部にある。
＊19太史公　司馬遷のことで、以下の記述は『史記』各章末尾のスタイルを踏襲している。
＊20白衣を着て　白衣を着てとは無位無官の平民を意味し、ここでは豆腐の白さを諷している。

豆腐異名[*1]

豆腐の異名には、菽乳《しゅくにゅう》、豆乳、准南佳品、小宰羊、黎祁《れいき》、方璧などがある。

*1豆腐異名　ほかにも、軟玉、かべ、しろもの、六弥太などとも称される。

明の蘇平[*1]の詩

伝得テ淮南術最モ佳ナリ
皮膚褪尽見二精華ヲ一
一輪磨上流シ二瓊液ヲ一
百沸湯中滾ス二雪花ヲ一
瓦缶浸来蟾有レ影
金刀剖破玉無レ瑕
箇中滋味誰カ知得ン
多ク在三僧家与ニ二道家一

*1蘇平　中国明代、海寧の人で、字は乗衡。詩文に秀れ、景泰十才子の一人。著書に『雲渓漁唱』がある。詩の大意は以下の通り。淮南の豆腐作りを最も佳《よ》しとする。肌あくまで白く、この上なく美しい。すりつぶせば玉のような汁となり、煮れば湯の中に雪が降る。土の器に入れれば水に映る月影があり、刀を入れても瑕ひとつない玉のよう。この豆腐の滋味を誰が知ろう。僧家や道者たちこそ、その味をよく知っている。

明の曽異撰[*1]の詩

出世長依クル仏子ノ鉢
百年多ク伴フ腐儒ノ齏
溷二将葷血ヲ一還テ清素
随二爾方円一却テ整斉
瓊液磨シテ来石有髄
銀刀削リ下シテ玉如シレ泥ノ
祇応ヘシ三者レ雪ヲ除ク二塩鼓ヲ一
供奉ス孤山処士ノ妻

＊1曽異撰　中国明代、晋江の人で、字は弗人。詩・古文に秀れ、著書に『紡授堂集』がある。詩の大意は次の通り。豆腐は僧家の食べ物として久しく、貧乏学者の食品として長く続いている。生臭物にまぜて料理するとかえってさっぱりする。どんな器の形にも納まって、なお整然とする。摺りつぶせば玉のような汁となるのに、形は石のようでもある。銀刀を入れれば玉は泥のようになる。まるで雪を煮て、よけいな味つけをしていない、さっぱりしたところが、梅見のお供にぴったりだ。

清の張劭の詩[*1]

漉レ珠ヲ磨レ雪湿霏々
煉作二瓊漿ヲ一起二素衣ヨリ一
出レ匣ヲ寧ソ愁方璧ノ砕ヲ
戞シテレ羹ヲ常ニ見ル白雲ノ飛ヲ
蔬盤慣レ雑ニ同二羊酪ニ一
象箸難レ挑ケ比二髄肥ニ一
却テ笑フ北平思二食乳ヲ一
霜刀不レ截粉酥帰

＊1張劭　中国清代、汝南の人。字は元伯。詩文をよくした。詩の大意は次の通り。珠を漉《こ》し、雪を溶かし、細かにしたものを、朝早くから起きて、練り合わせて玉のような液を作る。豆腐が器から出すときに砕けてしまうのを愁《うれ》うことはない。豆腐の羹《あつもの》を作れば、常に白雲が飛んでいるかに思えるのである。食卓には羊酪と同様に当たり前に並ぶ。豆腐が箸にかかりにくいのは髄肥と同じようである。まったくおかしな話だ、北平侯の張蒼は年老いて歯がすっかりぬけおちてしまったので、妻妾《さいしょう》を百余人も置

いて、その乳を食事代わりにしようとは。よく切れる刃物で酥を粉のようにして食べればよかったのに。

豆腐集説

『清異録』[1]に、時戢という者が青陽丞[2]となった時、自分の生活は質素にし、民のために勤めた。肉は食せず、日に数個の豆腐を買ったので、人々は豆腐のことを小宰羊と呼ぶようになったとある。

『本草綱目』[3]二十五、穀之四、造醸類に、豆腐の主な効用として、心を和らげ、気力を増し、内臓を休ませ、腹の張るのを収め、腸を綺麗《きれい》にし、熱をさまし、血を散らすとある。

『天中記』[4]第四十六巻には、世に豆腐の製造は淮南王の発明によると伝えられているという。

『謝綽拾遺説』[5]も、『天中記』と同じである。

『庶物異名疏』[6]には、菽乳とは豆腐のことで、豆を煮て、乳のような柔らかいものを作るとある。

『物理小識』[7]第五巻には朱子の詩に、豆の種や苗は稀にしかなく、力つきて腐りやすい。早くに豆腐の作り方を知り、全品を得ることができるとある。しかし『本草綱目』には、豆腐は淮南王劉安[*8]の創作である。大豆一斗に緑豆一升を加え、摺りつぶし、油を加え、かすをこして煮る。石羔を入れ、大根の一、二片を入れると腐らないとある。

また色付け豆腐については、仙人草から汁を取り入れれば緑の豆腐ができる。延平の人は、好んでこれを食べる。マサキノカズラの高く伸びて細くなったのを石蓮蓬とよび、その汁を取って胭脂を加えれば紅豆腐となる。栃の実を摺りつぶして加えれば黄豆腐となる。蕨の粉を入れると黒豆腐となる。こんにゃくをつぶした汁を加えれば、褐豆腐となる。罌粟《けし》豆腐を作るのは、胡麻豆腐と同様である。細かな目の絹ごしにして、豆腐と同じように湯の中に入れ、緑豆の粉を入れてかきまぜるか、あるいは粟を二分、豆の粉を一分入れて色付けすることもできる。

高士奇[*9]の『天禄識余[*10]』には、豆腐はまたの名を黎祁ともいうとある。

秀庵香川修徳先生がいうには、菽乳は豆腐のことである。明の孫作[*11]が豆腐という名に雅味がないのを残念がって菽乳と改めた。また小宰羊とも呼ぶ。豆腐は西漢の淮南王劉安が創作したもので、思うに、初めは豆を腐《くさ》らせて作ったので、豆腐といったのであろう。今の豆腐屋では、すべて豆の腐らぬうちに豆腐を作るので、豆腐という名にふさわしくない。

昔は豆を長く水に浸して臭気がひどくなってから、摺りつぶして苦汁《にがり》を沢山入れ、固めるので、豆腐は硬くて食べられるようなものではなかった。今のつくり方は、軟らかいものを最上品とするので、豆を浸す時間も短く、臭くはならない。苦汁も少量なので豆腐は柔らかく、食せば口中に消えてしまうような感じである。もし、これを軟豆腐と称するのなら、もとは形の無いもので、口に入れば汁のように感じるものを、一般に屋僕禄独屋膚《オボロドウフ》と呼んでいる。

豆腐の料理は数十種あり、すでに家庭の惣菜《そうざい》として用いられている。冬の大根料理、夏の茄子《なす》料理に勝る。豆腐を常食すれば、胃腸の調子もよく負担にならない。病人にも害がない。ただ、食べすぎると腹がふくれて消化しにくい。特に焼いて、焦げのあるものは消化も悪く、とてもよくないので医者が禁ずるけれども、そうとばかりはいえない。その人の身体の強弱を見て食べさせるべきで、胃弱で下痢気味の人に食べさせてはいけない。

＊1『清異録』　中国宋代に成ったもので、天文・地理・薬品などを解説した典籍。
＊2青陽丞　青陽は、中国唐代、安徽省に置かれた県名。丞は官名。
＊3『本草綱目』　全五十二巻に及ぶ中国明代の本草書。李時珍が三十年の歳月を費やして完成、薬物一八八二種を挙げ、産地・形状・処方などを記した。日本へは慶長十二

（一六〇七）年に伝わり、我が国の本草学に大きな影響を与えた。
＊4『天中記』　中国明代の類書で、全六十巻。乾坤・歳時・律暦・地理などの項目に分けて記述されている。
＊5『謝綽拾遺説』　中国南北朝時代の『宋拾遺録』全一巻のこと。
＊6『庶物異名疏』　中国明代の本草書で全三十巻。
＊7『物理小識』　中国明代の博物書。全十二巻。
＊8淮南王劉安　前漢の頃、当時九江郡と呼ばれた淮南（今の安徽省北部淮河の南）を治めた王。学識ある側近を集めた王として知られ、『淮南子』の編者として後世に名をとどめる。豆腐が二〇〇〇年前に淮南王によって作られたとする説は、李時珍の『本草綱目』によって伝えられたものだが、中国食物史の権威でもある篠田統先生によれば俗説であるという。
＊9高士奇　中国清代の銭塘（浙江省）の人。『天禄識余』は全二巻の博物書。
＊10香川修徳　江戸中期の儒医で、字は太冲、一本堂と号した。姫路の人で、古医方の後藤艮山に医術を学び、伊藤仁斎に経書を学んだ。古医方の大家で著書に『薬選』『傷寒説考』などがある。
＊11孫作　中国明代の人、字は大雅、号は東家子。書、芸文に秀れ、著書に『滄螺集』『東家子十二篇』がある。

豆腐百珍続編

此子質如泥却是淮南佳
品供来草庵一味禅
彼僊膚欺雪只看寧楽精
工設得瓊樓百珍饗

大意　豆腐の質は泥のように軟らかいが、淮南王の作り出したすぐれた食品であり、草庵で禅を修行する人には、この上ないご馳走である。また、豆腐の膚《はだえ》は雪かと見まがうばかりに白く、ただ寧楽《なら》（奈良）の豆腐作りの名人だけが、立派なお邸で出される百種類もの料理をまかなうことができる。

孫大雅[*1]菽乳詩

淮南信佳士　思仙築高台　入老変童顔　鴻宝枕中開
異方営斉味　数度見琦瑰　作羹伝世人　今我憶蓬莱
茹葷厭葱韭　此物乃呈才　戎菽来南川　清漪浣浮埃
転身一旋磨　流膏入盆罍　大釜気浮々　小眼湯洄々
頃時晴浪翻　坐見雪華皚　青塩化液滷　絳蠟竄烟煤
霍々磨昆吾　白玉大片裁　烹煎適吾口　不畏老歯摧
蒸豚亦何為　人乳聖所哀　万銭同一飽　斯言匪俳詼

＊1孫大雅　中国明代の人。芸文、書に秀れ、『滄螺集』などの著書がある。菽乳は豆腐のこと。詩の大意は以下の通り。
淮南《わいなん》王の劉安《りゅうあん》はまことによきお人であり、仙人になりたいと思って高い台（うてな）を築かれた。年老いてから童《わらべ》のような若々しい顔つやになったのは、枕中《ちんちゅう》に秘蔵した仙術の書物のためであった。様々な調理法で味を塩梅《あんばい》し、しばしば珍しいすぐれた料理を作り出した。羹《あつもの》を作って世に広め、それを食うと蓬萊《ほうらい》という仙境もかくやと思われる。生臭物《なまぐさもの》を食うにも、葱や韮にもよく合って、いくらでも食べられるのは、

豆腐の特徴である。戎菽（えびすのまめ）つまり大豆が南の淮水のほとりにやってきて、清らかな流れに旅のほこりを洗い落とした。一たび身を転じて磨《うす》でひかれると、流れ出る液汁は桶にいっぱいにたまる。大きな釜はぐらぐらと沸き立ち、小さな湯の泡はぐるぐるとめぐる。しばらくすると、沸き立った浪の中に、真っ白な雪の花が咲き出てくる。青塩から苦汁《にがり》をとって加え、赤い蠟燭《ろうそく》も燃えて煙や煤《すす》となる。きらきらと光るほどに磨《みが》きあげた包丁で、白玉のような大きな豆腐を切る。その料理は実にうまい味で、老人の歯が欠けるおそれもない。昔の聖人が嘆いたような人の乳で育てた豚の蒸し肉もなんのその、豆腐料理を腹一杯食べるためには万銭も惜しくない。この言葉は決してたわむれに言っているのではないぞ。

月参講
目川名物

峯山上

「鹿ぞ鳴くなる」*1と百人一首に詠《よ》まれた山の奥にも、藁《わら》で通して持ち歩ける豆腐もあるのは、その郷《さと》その郷に豆腐の硬《かた》さを賞味し、どぶろくの肴にしているからであろう。下戸《げこ》(酒の飲めない人)といっても、いたって豆腐の好きな人もいる。だいたい酒飲みのはらのうちを最もよく知っている物は、豆腐以上のものはないであろう。そういえば、豆腐を好んで食べるにつけ、その思いがますます強く感じられるのである。

ある人が、諭《さと》すように意見して、どんなに豆腐が好きでも若い時に、そんなに沢山食べるべきではないという。その理由を聞くと、歯が悪くなれば、好きでなくても、必ず豆腐を必要とするようになる。その時になって、飽《あ》きるほど豆腐の食べれる人こそ、ほんとうの豆腐好きといわれるべきなのだ、と。

また、農夫の実話がある。牛小屋のあたりが騒々しいので、主人も出てきて聞くと、牛に焼き餅を与えたところ、喉につかえて、歯をむくだけで、どうすることもできないのだという。主人も、見るに忍びなかったが、どうしてよいかわからない。ちょうど、そこに、この辺を得意先にしている備前生れの髪結《かみゆ》いが通りかかった。なにか、思い出したという様子であったが、豆腐を湯で煮て、それをさましてから食べさせてみなさいという。とりあえず、そのとおりに作って、それを牛の口を開いて飲み込ませたところ、たちまち、食道につかえていた餅が通ったので、見ていた人たちも、みんなほっとしたという。

そこで、髪結いをとりまいて、どうしてこのような心得があるのかと聞くと、別にそんな経験があったわけではないが、故郷の古老たちの話に、元旦の雑煮に入れるもの、いわゆる大根とか芋などには、およそそれぞれ、その理由がある。

豆腐には、めでたいといういわれはないが、豆腐と一緒に煮たものが喉につかえるということはない。それで餅を煮るのに豆腐を具として加えるのを習慣としていた。この言葉を思い出して、髪結いは、急場に間に合わせたのだという。これは、泉州池田庄萬町（現在の大阪府和泉市池田下町）での話である。これこそ、本当に、めでたい食品であるというべきであろう。

『豆腐百珍』が上梓され、今、また続編が出た。数も品もことごとくを吟味するに、豆腐の嗜好者《すきもの》は、至宝を手に入れたかのようだ。

私は、今、二日酔いの翌日で、かの盧生《ろせい》*2が夢を見た玉の輦《たごし》の向かい酒の肴に豆腐を食べているところだが、そんな体調のときだが、この書をみて感激し書肆《しょし》が書いてくれと頼みもしないのに、上戸（酒飲み）の豆腐好きにかこつけて、早速、筆をとって、序文として書いたわけである。

二斗庵下物*3　記す

＊1鹿ぞ鳴くなる　藤原俊成の歌「世の中よ道こそなけれ思ひいる山の奥にも鹿ぞなくなる」よりとっている。
＊2盧生　李泌『枕中記』に出てくる故事。盧生が邯鄲《かんたん》で道士呂翁《ろおう》に遇《あ》い、その枕を借りて眠ると、立身出世、一生の栄華をきわめた夢を見たという。邯鄲の夢。
＊3二斗庵下物　料理書『献立筌』を書いた山川下物のことか。人物についてはよくわからない。

豆腐百珍続編目録

尋常品

通品

佳品

奇品

妙品

絶品

豆腐百珍附録

豆腐雑話

121　豆腐百珍続編

作腐家新品目

紅豆腐
細しべ
竹輪豆腐《ちくわとうふ》大中小
飛龍頭
かすてら
うどん豆腐
花豆腐
ねじ豆腐
白玉
紅渦巻
霜ふり
尾上焼

五色《ごしき》豆腐
延《なら》しべ
全《まる》焼き
稀《うす》焼き
厚焼き
紅うどん
結び豆腐
花須《しらが》豆腐
花王《ぼたん》豆腐
五色《ごしき》渦巻
いさご豆腐

しべ豆腐
くだ豆腐
全《まる》揚げ
焼きおぼろ
雪片《ゆきわ》豆腐
五色《ごしき》うどん
しま結び
玉あられ
渦巻豆腐
アンペイ加料《かやく》
金橘豆腐《きんかんとうふ》

右の品目は、近ごろ、大坂の上町・天満《てんま》・同市場など、ほうぼうで作って売っている。その店の好みに随い、新製品が毎日のように出て、ますますおもしろい。便利な店で買い求めるとよい。

尋常品

一　御雉《おきじ》豆腐

豆腐一丁を四つ切りぐらいにし、平らな四角に切り、塩をふりかけて焼き、その焼きたてに温めた酒をかける。

宮中では、正月の時節の食べものである。長橋の局《つぼね》*1から、群臣百官下部《ぐんしんひゃくかんしもべ》にいるまで、上下を問わず、全員に賜《たまわ》るのである。

また、宮中の御煤《すす》払い*2のときも、右のようにして賜る。大釜で、御雉*3のように切った豆腐を、たくさん煮て、味噌をかけて供するのを、あつかべ*4という。

*1長橋の局　長橋は、宮中の清涼殿《せいりょうでん》から紫宸殿《ししんでん》に渡した細い板の橋。このかたわらに勾当《こうとう》の内侍《ないし》の局があり、女官は天皇への奏請《そうせい》、勅使の伝達をつかさどった。

*2宮中の御煤払い　煤払いは神棚や炉などのすすや埃を払ってきれいにする年中行事。江戸時代には、公家も武家も十二月十三日に行なうのが慣わしとなっていて、一般でもこれにならった。

＊3御雉　雉酒のこと。雉の切り身を焼いたものに燗酒《かんざけ》をかけたもの。天皇が正月のお祝いに用いたという。

＊4あつかべ　熱壁《あつかべ》。熱い豆腐のこと。壁は女房詞《ことば》で豆腐のこと。色の白さを壁にたとえていう。『七十一番職人尽歌合』には、「ふるさとは　かへのとたえに　ならとうふしろきは　月の　そむけざりけり」とある。205ページの「職人尽歌合の歌」を参照。

＃木綿豆腐を用いる。

雉子焼はもともと、鳥の雉子肉焼のはずだが、江戸時代には、一般に雉子焼といえば雉子焼豆腐のことをさす。

二　渦巻《うずまき》豆腐

豆腐をよく擂《す》り、卵白をつなぎに入れ、水前寺海苔をひろげた上に、まんべんなく、海苔の厚さの倍ぐらいにのして敷く。それを干瓢でくくり、よく蒸して、味をつけ、小口切りにする。

つまり、前編二二松重ね豆腐（44ページ参照）を巻いたものである。渦巻にせず、前編一五押し豆腐（39ページ参照）を長く切り、水前寺海苔で巻き、干瓢でくくり、味つけしたものを海苔巻豆腐という。

＃木綿豆腐を用いる。

味をつけるのは、豆腐のほうだけにし、水前寺海苔で巻いてから蒸すのがよい。

三　海苔巻豆腐

右を参照。

＃木綿豆腐を用いる。

四　鍋焼豆腐《なべやきどうふ》

長芋・割り銀杏・揚げ麩・木耳《きくらげ》・慈姑《くわい》・割り葱《ねぎ》・焼栗・松露・なめたけ・青昆布を用意する。

酒塩と薄醤油で、煮かげんよく、おぼろ豆腐とじにして、料理鍋のままで出す。おろし山葵《わさび》を置く。

＃おぼろ豆腐（41ページの注参照）を用いる。

おぼろ豆腐はふつうでは手に入らないので、絹ごし豆腐をつかみくずして代用として用いる。一人用の小さな鍋でめいめいに出すのもよいし、数人で一つの鍋をつっつくのも楽しい。鍋はすきやき鍋を使うとよい。

五　目川《めかわ》田楽

釜に葛湯を沸かし、豆腐を串にさしながら、始終、煮えたら取り出して炉[*1]へかけ、取り出しては炉へかける。ふつうの田楽のように焼くほどのことはなく、水気をとる程度にして味噌をつけ、小さな炉で焼きながら席上へ出す。これが江州目川田楽の本式の製法である。

別の製法として、煮るかわりに蒸籠《せいろう》（蒸し器）で、たえず蒸しておくのもよいものである。

＊1炉　原文では「ひばち（火鉢）」と読ませている。『豆腐百珍』一木の芽田楽の項（28ページ）に載っている田楽炉のこと。

#木綿豆腐を用いる。

これは明らかに商い向きの知恵である。茶店や屋台では客を待たせるわけにはいかぬ。葛湯で温めておき、随時、取り出して焼けば手早く応対できる。なぜ葛湯なのだろう。湯だと濁りが早く、見た目が悪い。湯の中に豆腐を沢山入れておくと、豆腐同士が当たって角がこわれやすい。葛湯はその解決策なのである。

六　今宮《いまみや》の砂《すな》田楽

大鉢のまわりに砂をたくさん積み、田楽を斜めに砂へさし、火を強くして、ふつうの田楽よりは遠火にして焼く。

京北今宮の門前の茶屋は、この作り方である。焼きかげんが非常によろしい。

#木綿豆腐を用いる。

砂床は串がしっかり刺さる。味噌やタレが落ちても、灰のように舞い立つことがない。輻射《ふくしゃ》熱が強いので、焼き上がりが早い。前項と同じように商い向きである。

七　一種のかすてら

豆腐の水をよくしぼり、甘酒の液汁とをよく摺り合わせて蒸す。味かげんは好みに従ってよい。

前編九一加須底羅豆腐（78ページ参照）とは別の製法である。

#木綿豆腐を用いる。

八　湊《みなと》豆腐

八四織部豆腐の項（169ページ）を参照。

#木綿豆腐を用いる。

九　ぐつ煮豆腐

ふくさ味噌を酒でゆるめ、始めから豆腐を入れてよく煮る。摺り山椒を置く。

#木綿豆腐を用いる。

豆腐はかるく水切りをする。半丁でも、奴でも好みの大きさに切る。味噌は、西京味噌と赤味噌を合わせ、酒を徐々に入れて溶きゆるめ、中火で煮る。味噌は、どんなにゆるめても焦げつきやすいので、火かげんには十分気をつけること。

一〇　衛士《えじ》田楽

九一東雲《しののめ》田楽の項（173ページ）を参照。

#木綿豆腐を用いる。

一一　極楽豆腐《ごくらく》

四七吾妻《あづま》田楽の項（148ページ）を参照。

#木綿豆腐を用いる。

一二　夕顔豆腐《ゆうがお》

豆腐一丁を平らにふたつに切り、切った半丁がきっちりと入るような底のない枠箱《わくばこ》を杉で作る。

豆腐を枠に入れ、熱湯を二、三回かける。底の平らな浅鉢に生醤油《きじょうゆ》を一分（三㎜）ほど入れて、豆腐を枠ごと静かに移し、寒中に三晩さらす。

枠から出し、小口切りにし、酒の肴にする。

#木綿豆腐を用いる。

一三　観世汁《かんぜじる》＊1

薄切りの豆腐を、中濃中味の味噌で煮て、胡麻《ごま》あんをかける。

濃醤《こくしょう》＊2とほぼ同じ作り方である。

＊1観世汁　『料理物語』に初めてみられる料理。作り方はほぼ同じである。
＊2濃醤　濃《こ》く仕立てた味噌汁。さまざまな濃醤があるが、豆腐の濃醤については『豆腐百珍』（43ページ）、鯉の濃醤については『豆腐百珍附録』（182ページ）を参照。
＃木綿豆腐を用いる。

普通の味噌汁で温めると考えたらよい。胡麻あんをかけるので、あまり味噌味が強くならないように。

通品

一四　青味噌田楽
#木綿豆腐を用いる。

一五　山梔子《くちなし》染めの色はんぺん
#木綿豆腐を用いる。

一六　青海苔染めの色はんぺん
#木綿豆腐を用いる。

一七　管《くだ》豆腐
#木綿豆腐を用いる。

一八　すくい豆腐

#木綿豆腐、絹ごし豆腐のいずれを用いてもよい。

一九　丸揚げ

#木綿豆腐を用いる。

二〇　敷き葛 うどん豆腐 摺り山葵

#木綿豆腐を用いる。

佳品

二一　牡丹《ぼたん》豆腐

豆腐を図のように角《かど》をとって棒状にし、油で揚げて、四つに小口切りにし、昆布のだし汁に山椒を加えてよく煮る。醤油の加減は薄めにすること。山椒は、昆布を引きあげる前から加える。

平茶碗によそい、浅草海苔をもんで、たっぷりとかけ、おろし生姜《しょうが》を添える。

#木綿豆腐を用いる。

海苔は、牡丹の花びらを表すわけだから、もむというより、ちぎる感じで。生姜は花《か》芯《しん》となる。

二二　御手洗《みたらし》田楽

豆腐を中骰《ちゅうさい》に切り、笊籬《いかき》に入れてふり、角をとる。小麦粉をまぶして、青串に五つずつ刺し、山椒醤油でつけ焼きにする。串に刺したまま引物[*1]に用いる。

＊1引物　供応の時の膳部に添えて出す肴（引肴《ひきざかな》）や菓子（引菓子）。

#木綿豆腐を用いる。

前編九霰豆腐の項（35ページ）を参照。

二三　実盛《さねもり》豆腐＊1

豆腐を薄く、適当な大きさに切り、だし汁と醬油で薄味に煮る。煮汁は少なめにして器に盛り、しぼり生姜を落とし、豆腐の上には黒の摺《す》り胡麻を、一面にたっぷりとかける。

＊1実盛豆腐　平家の老武者斎藤実盛が白髪を染めて合戦に臨んだ故事による命名。

#木綿豆腐、絹ごし豆腐のいずれを用いてもよい。

鍋から器に盛るには、杓子ですくいやすくするために、たっぷりの煮汁がいる。

二四　卯《う》の花《はな》豆腐

豆腐を油でさっと揚げ、二時間ほどたったら、醬油一・水一・酒三の割合の汁で煮る。汁を切って器に盛り、豆腐の上に薯屑《じょこ》をふる。

薯屑の作り方は、前編五四瞿麦《なでしこ》豆腐の項（58ページ）を参照。

薯屑の代わりに、煮ぬき卵（ゆで卵）の黄身をふるのを、山吹《やまぶき》豆腐という。
#木綿豆腐を用いる。
豆腐の油が切れたら煮てかまわない。二時間も待つ必要はない。

二五　山吹豆腐

前項を参照。
#木綿豆腐を用いる。

二六　小もん豆腐

豆腐をよく擂り、濾《こ》しておく。これに焼海苔を細かにもんでまぜ合わせ、茶巾包《ちゃきんづつ》みにして、ゆでる。
#木綿豆腐を用いる。
調理の途中で、海苔を切ったりもんだりすると、濡れた手をいくら拭いても、海苔がくっついてしまう。あらかじめ、海苔をもんでおくこと。

二七　小笠原豆腐《おがさわら》

豆腐を適当な大きさに切り、葛湯でかげんよく煮て、器に盛る。葛あんをかけ、辛《から》みを置き、花がつおを、葛がみえぬくらいに一面にふる。

＃木綿豆腐、絹ごし豆腐のいずれを用いてもよい。辛みのからしか生姜を豆腐の上に置き、花がつおはまわりの葛あんのところだけにふる。

二八　腐乾《ろくじょう》＊1

俗に六条という。豆腐一丁を八つくらいに薄く切り、塩をまぶして、夏の炎天下にさらす。

僧家では、花がつおの代わりに腐乾を削って使う。湯葉《ゆば》を作ったあとの固い豆腐を腐乾と偽って売る者があるが、これはにがりが多く、固いので有害である。買うときは充分に気をつけること。

他に、高野山＊2で作る腐乾がある。豆腐一丁を、焙籠《あぶりこ》＊3にわらを敷き、炭火の弱火であぶってから、さらに乾かし、削って使う。

＊1腐乾　六条豆腐。京都六条で初めて製造されたので、この名があるという。現在、山形県西川町の片倉家で、六浄豆腐として商品化している。これは豆腐に塩を塗って干したもの。

＊2高野山　和歌山県にある海抜九八五メートルの山。空海が創建した真言宗の総本山金剛峰寺の俗称。高野山は、寒中に豆腐を小さく切って熱湯をかけ、戸外で凍らせて乾かした高野豆腐の発祥の地としても知られている。

＊3焙籠　餅や豆腐を焼く金網。古くは炭火の上に置いて着物などを乾かしたりする籠《かご》をいった。

#木綿豆腐を用いる。

なかなかうまくできない。濃い塩水で煮て、一カ月ほど乾かすと、それらしい腐乾になった。片倉家では、毎年、八八夜の前後、月山の残雪の形をみて豆腐作りに入るという。一般の木綿豆腐を作るように豆腐を寄せ、小口より二cmくらいの厚さに切って板の上の天日で干し（約二週間）、すっかり乾いたものを稲藁《いなわら》で編んで風通しのよい軒下に吊して仕上げる（約二週間）。

二九　松風《まつかぜ》豆腐

豆腐六・ふくさ味噌三・玉子一をよく摺り合わせ、粉山椒を加え、酒塩でほどよくのばす。焼き鍋を熱し、油をひいて、豆腐を平らにのし、罌粟《けし》の実を一面にふって焼く。適当な大きさに切り、酒の肴にする。

#木綿豆腐を用いる。

鍋は卵焼鍋かフライパンを使うとよい。弱火でじっくり焼く。

三〇　横雲《よこぐも》豆腐

豆腐一丁を横に平らに四枚に切る。青海苔の粉を厚めにふり、順に重ね合わせて、押し豆腐にする。

前編一五押し豆腐の項（39ページ）参照。

#木綿豆腐を用いる。

豆腐一丁のままで四枚に切るのはなかなかむずかしい。軽く水切りし、半丁に切ってから、横に切る。青海苔は厚くふると重なりにくくなる。

三一　氷条《つらら》豆腐

前編四五線麪《せんめん》豆腐の項（54ページ参照）の稭《しべ》豆腐に、葛粉をまぶし、湯煮して、好みの料理にする。

#木綿豆腐を用いる。

三二　蕎麦《そば》豆腐

前編四五線麪豆腐に、蕎麦の花粉《はなこ》*1をまぜて、ふつうの蕎麦を打つように作る。

*1花粉　一番粉のこと。さらしな。

#木綿豆腐を用いる。

三三　鯨豆腐

豆腐の水をよく絞って、長方形の杉箱にいっぱいに詰める。その上に、豆腐に鍋《なべ》墨《ずみ》*1をまぜて黒く色付けしたものを一段重ね、しばらく押しをかける。湯を沸かし、杉箱の底がひたる程度にしてよく蒸す。箱を割ってとり出し、小口切りにし、あまり色がつかぬように油で揚げる。

鍋墨の代わりに、昆布の黒焼きを使ってもよい。

別に、白胡麻をよく摺って、漉し、豆腐に摺りまぜて、右のように作り、油で揚げてから、小口切りにする方法もある。これもなかなかうまいものである。

*1鍋墨　鍋《なべ》や釜《かま》の底につくすす（煤煙《ばいえん》）。現在は使われない。

#木綿豆腐を用いる。
昆布の黒焼きは、火加減が第一である。早く焦《こ》がそうとすると苦味ばかりが強くなる。現在では、炭火で、じっくり、というわけにはいかない。電子レンジでパリッとさせてから、細かくして鍋で煎《い》る。

黒胡麻をよく擂《す》って、豆腐にまぜてもよい。

三四　かまぼこ豆腐

胡桃《くるみ》の殼をとり、しばらく湯に浸して、渋皮をむき、よく擂りつぶす。豆腐は、よく水を切る。

豆腐七・胡桃三の割合でよく擂りまぜ、杉板にかまぼこ状につける。それを、よく蒸して、少しあぶる。適当な大きさに切り、煮物のさしこみに使う。

酒の肴にするときは、最初から醬油と酒で味つけする。

右のように擂り合わせたものに、前編一九飛龍頭《ひりょうず》（41ページ参照）の具をまぜ、小麦粉をつけて油で揚げるのを、胡桃飛龍頭という。
#木綿豆腐を用いる。
胡桃は天火で一六〇度C、十五分くらい焼くとよい。また、かまぼこ豆腐は蒸すより天火で焼いたほうがおいしい。

『豆腐百珍余録』にも同名のかまぼこ豆腐の作り方（223ページ参照）があるが、中身に工夫がこらされている。

三五　胡桃《くるみ》飛龍頭《ひりょうず》

#木綿豆腐を用いる。
右の項を参照。

三六　五瀬《いせ》（伊勢）豆腐

豆腐・鯛・山芋の三品を、別々によく摺《す》ってから、一つに合わせて摺りまぜる。卵白を加え、杉箱に布巾《ふきん》を敷き、箱のまま蒸す。

適当に切って、茶碗に盛り、鳥味噌をかけ、摺り胡麻と粉山椒を置く。

鳥味噌は、何鳥でも、よく叩いてよく摺り、小鳥なら骨ごとよく叩き、味噌と半々に合わせ、酒と水でゆるめ、弱火で、ゆっくり火を通して作る。
#木綿豆腐、絹ごし豆腐のいずれを用いてもよい。
小鳥（鶉《うずら》か、手に入りにくければ鶏肉でよい）は骨ごと叩くように記されているが、多少ざらつくので、気になる人は骨を抜く。鯛の代わりに、平目でも鱈《たら》でも、市販の摺り身でもかまわない。

三七　草《そう》の胡麻《ごま》豆腐

胡麻を水びきにし、漉《こ》して水に放つ。沈澱したら上澄みを捨て、豆腐を摺りまぜて蒸す。

真の胡麻豆腐は「附録」(183ページ参照) に記載。

#木綿豆腐を用いる。

豆腐と胡麻の分量の割合は、まず、半々で試みてみる。胡麻の風味を強く出したいのか、豆腐の味を生かしたいかで、その割合は変わるわけであるから、自分の舌で確めることが大切である。

三八　包み豆腐

豆腐一丁を二つに切り、まん中をえぐって胡桃《くるみ》味噌を入れ、豆腐でふたをし、美濃紙で包み、湯煮する。それからの調味は好みでよい。

胡桃味噌は、白胡麻と胡桃を同量で合わせ、よく摺り、さらに味噌を加えて作る。

#木綿豆腐を用いる。

三九　粟《あわ》豆腐

葛あんを茶碗に敷き、おろし山葵を置き、おぼろ豆腐を湯煮して、その湯をしぼり、その上に盛る。ゆで卵の黄身を裏漉《ご》しして、びっしりとかける。

#木綿豆腐、絹ごし豆腐のいずれを用いてもよい。

山葵は少したっぷりめに入れること。おぼろ豆腐が手に入らないときは、木綿でも絹ごしでも摑みくずしておぼろ豆腐の代用とする。

四〇　いらだか（苛高）豆腐

六九千歳《ちとせ》豆腐の項（160ページ）を参照。

#木綿豆腐を用いる。

四一　長崎けんちん

前編七七真のけんちんのように作り（70ページ参照）、文豆《ぶんどう》のもやしを油で炒めたものを入れる。

もやしの作り方　大きな鉢に砂を入れ、文豆を播《ま》き、水を一寸（三㎝）ほどためて、麹室《こうじむろ》に一夜入れておけば、芽が出てくる。

けんちん酢の作り方も前編七七を見るとよい。

#木綿豆腐を用いる。

炒めたもやしは、よく水気を切って入れる。

四二　板焼《いたやき》豆腐

できるだけ薄い杉板に、大きさに見合わせて、蕗味噌[*1]をべったり一面に塗《ぬ》る。勿論、辛みを入れたほうがよい。豆腐一丁を、横に平らに四つか五つぐらいに切り、軽くしぼって、味噌を塗った杉板にのせ、その豆腐の上にも味噌を塗り、同じような杉板ではさむ。武火《ぶか》（強火）の遠火で板をこがし、さらに板ごと裏返してあぶる。

さて、上の板をそっと取って、下の板はつけたまま皿に載せて供す。上の板をとった痕《あと》に、味噌がついていてもいなくてもかまわない。まばらについていれば、模様として用いればよい。

板は（かんなで）引き剝《へ》ぎにしてもよい。

また、豆腐を適当な大きさに切り、杉板に並べて、大焙籠《あぶりこ》に炭火をのせ、上からあぶる板焼もある。味かげんは好み次第。

＊1蕗味噌　蕗のとうをゆでて摺り、味噌にまぜたもの。

#木綿豆腐を用いる。

四三　うずみ豆腐

豆腐を丸ごと美濃《みの》紙に包み、わらを焚《た》いたその熱い灰にうずめ、半日か一日くらいおく。それをとり出して、酒と醬油を等分ずつ入れて、よく煮染め、小口切りにする。

前編一五押し豆腐（39ページ参照）の別の製法である。

一説に、うずみ豆腐を厚焼《あつやき》豆腐という。また、本編八五に、違う製法の厚焼豆腐（170ページ参照）がある。同名で、別の作り方をする、飯のうずみ豆腐もあるが、これは、前編九八雪消飯（83ページ）を参照のこと。

豆腐を大小、好みに従って切り、美濃紙に丸く包んで、口をこよりでくくり、前編一五押し豆腐のようにしてから紙をとって煮染めるのを丸押し豆腐という。

豆腐を角から角へ対角線に切って、右のように美濃紙に包んで熱い灰にうずめ、紙をとりはらって油でさっと揚げ、味をつけたものを鮑《あわび》豆腐と名づける。

#木綿豆腐を用いる。

川砂を大きめの鍋に入れて熱し、灰の代用とする。豆腐は適当な大きさに切って和紙で包むとよい。

四四　丸押し豆腐

右の項参照。

＃木綿豆腐を用いる。

四五　豆腐鮓

前編一五押し豆腐（39ページ参照）を大きめの繊《せん》に切り、煮立たした生醤油に入れて、さっと煮染め、さましておく。

湯葉を酒と醤油で味をつけたものをまな板へ広げ、精白米の飯を敷きのべて酢を少し打ち、これに、刻み木耳《きくらげ》・慈姑・梅酢漬の生姜《しょうが》・山椒をぱらぱらとまんべんなく置き、右の煮染めておいた豆腐を並べて、かたく巻きたて、圧力《おし》をかけて四時間ほどおく。これを取り出して、小口切りにする。

＃木綿豆腐を用いる。

湯葉は薄く、切れやすい。すっかりさめてからとり出し、巻簀《まきす》の上にラップかセロフアンを敷いてひろげ、飯、具を巻く。

四六　松木豆腐《まつぎどうふ》

鰹《かつお》のだし汁に、最初から醬油とふくさ味噌を溶かし入れ、武火《ぶ》（強火）で煮立てる。豆腐を適当な大きさに切って入れたら、今度は文武火（中火）で半日ほど煮る。擂り山椒を添えて出す。器は、楽焼の*1升皿《ますざら》などがよい。

＊1楽焼　楽焼は、千利休《せんのりきゅう》の創始といわれ、京都の楽家で焼かれる茶器のこと。手びねりで、独特の作工を持つ焼物。升皿は『新撰庖丁梯』（一八〇三）に升型の蓋物《ふた》とある。

#木綿豆腐を用いる。

長時間煮込むものは、煮汁をたっぷりと張り、示された調理時間にあまりこだわらず、自分の眼と舌で確かめる。

四七　吾妻《あづま》田楽

豆腐をふつうの田楽のように焼いて、水で溶いたからしを塗り、焼いてから乾かして、すぐに葛かけ田楽にする。

からしの代わりに、観心寺《かんしんじ》寒曝《かんざらし》*1の粉を水で溶いて、塗《ぬ》って焼き、ふくれてきたら、食べごろである。山椒味噌を用いるのは、別の製法である。

糯米《もちごめ》を水に漬けておいたものをよく擂り、田楽につけて焼き、生の煮返し醤油におろし山葵《わさび》を用いるのを、極楽《ごくらく》豆腐という。
＊1観心寺寒曝の粉　白玉粉のこと。詳しくは、53ページの注参照。
#木綿豆腐を用いる。

四八　一種の山吹《やまぶき》豆腐

豆腐を大骰（大きめの骰の目）に切り、笊籬《いかき》に入れてふりまわして、角をとる。山梔子《くちなし》で色をつけ、薄醤油をつけて焼く。

また、二四卯《う》の花豆腐の項（135ページ参照）に出ている山吹豆腐もある。
#木綿豆腐を用いる。
山梔子の色水を濃いめに作り、豆腐を染める。焦《こ》げめは軽くつく程度。醤油も一回かけるだけにし、山梔子色を生かす。

四九　霞《かすみ》豆腐

豆腐の水をしぼり、おろし大根の水もしぼっておく。豆腐六に大根四の割合でよく摺《す》りまぜ、沸騰した湯の中へすくいとって入れると、よくまとまる。網杓子《あみじゃくし》ですくって碗によそう。碗の中へは、浅草海苔を少し入れ、生の煮返し醤油に唐がらし粉を入れる。

#木綿豆腐を用いる。

豆腐より、大根の水のしぼり加減を強くする。葛粉か片栗粉を少し入れるとよい。

五〇　西洋《なんばん》*1田楽

麻の実・榧《かや》の実・山椒の三品をよく炒って粉末にし、さらに油で炒めて味噌にまぜる。

また、味噌に摺《す》りまぜてから、味噌と一緒に油で炒めて、たたいてもよい。酒で溶きのばして、田楽に用いる。

*1西洋　南蛮。葱・唐がらし・油などを用いた料理をいう。

#木綿豆腐を用いる。

五一　あら玉豆腐

ゆで卵を丸のまま、ゆでたてを茶碗によそい、その上に前編一〇雷豆腐（36ページ参照）を、ざぶりとかける。加料《かやく》も雷豆腐と同じにする。

＃木綿豆腐を用いる。

五二　雯蕎麦《みぞれそば》

おぼろ豆腐をだし醤油で、ふつうより辛めに煮かげんする。蕎麦切りをいつものようにゆでて、器によそい、右の豆腐をざぶりとかける。豆腐は、蕎麦より少し多くしたほうがよい。白葱の刻み・おろし大根・おろし山葵をいつものように用いる。

＃木綿豆腐を用いる。

乾蕎麦は生蕎麦に比べれば、風味は今ひとつ。しかし、手近にある乾蕎麦をおいしく食べる方法として、気のきいた一品となろう。

五三　一種の今出川《いまでがわ》豆腐

豆腐一丁を三つ切りぐらいにして、さっと焼き、だし汁でよく煮る。豆腐の一箇所を金匙《かなさじ》でくりぬき、からしを溶いて、くりぬいた部分へ詰め、その口をもとのように合わせて、薄葛あんをかけて出す。

前編三九に今出川豆腐（51ページ参照）があるが、調製の仕方が少し異なる。
#木綿豆腐を用いる。

五四　加料《かやく》黄檗《おうばく》豆腐

前編一〇雷豆腐の項（36ページ参照）に出てくる黄檗豆腐のように作る。木耳《きくらげ》・長芋・割り銀杏・揚げこんにゃく・麩《ふ》の細切り・胡桃《くるみ》・慈姑《くわい》・ささがきごぼうを、全部味をつけておいて、豆腐に入れる。粉山椒をふってもよい。
#木綿豆腐を用いる。
こんにゃくは揚げずに、油で炒めてもよい。

奇品

五五　小野《おの》田楽

豆腐を図のように細長い四角柱状に切り、薄醤油のつけ焼にして、黒《くろ》料《ぐち》酢《す》をかける。

黒料酢の作り方　黒胡麻七に昆布の黒焼三の割合で、よく酢に擂《す》り合わせ、粉山椒を入れる。

＃木綿豆腐を用いる。

寄せのしっかりした豆腐ならそのまま、普通のものは少し押しをかけてから大きめの拍子木に切り、串を打って焼く。

五六　煮取《にとり》田楽

煮取を白味噌と等分にして、よく擂り合わせて、ふつうの田楽のように作る。

煮取というのは、鰹節を作る時に出る液汁を煮詰つめたものである。鰹の油であり、土佐（高知県）など、ここかしこで製造されている。
　#木綿豆腐を用いる。

五七　岡本豆腐

やわらかい豆腐を一丁ごと、水を少し切って使う。薄刃の包丁で、豆腐の角を何度もそぎ取って、まん丸な玉のようにする。焼き鍋に油を引き、そろりそろりと静かに豆腐を転がすようにして焼く。これは、焼豆腐の非常にやわらかいところを賞味するための作り方である。調理するときの豆腐の扱い方は、そろそろと砕けないように注意深く行なわなければならない。

さて、十人分十個を煮ようとするならば、まず、二十個ほどこしらえて、焼くこと。これは、焼いたり煮たりするうちに、砕けてしまうこともあるので、余分に用意する必要があるからである。

適当な大きさの鍋を、土鍋で二十個並べ、豆腐を一つずつ入れて一度に煮る。だし汁に薄醤油のかげんでよく煮立たし、豆腐を入れて煮る。大きな奈良茶碗へ一つずつよそい、おろし大根を置く。

岡本三右衛門という人が調製した料理である。

＃木綿豆腐を用いる。

五八　奈良漬《ならづけ》豆腐

豆腐をさっとゆでて、よくしぼり、焼き塩と葛粉とをよく摺り合わせておく。奈良漬の粕へ、形状はなんでもかまわないが、棒のようなものを差し込んで穴をあける。次にその棒の先へ布切れ《ガーゼ》を巻きかけ、再び、その穴に差込み、布切れを残して、棒だけ抜きとる。棒を抜きとった穴へ、右の豆腐を突き入れ、穴の口をねじふさぎ、粕でおおっておく。

豆腐を食べる時は、布ごと引き出し、適当な大きさに切って出す。

＃木綿豆腐を用いる。

葛を練り、豆腐の熱いうちに塩とともに摺りまぜる。布巾かガーゼで包んでから粕に漬けてもよい。

五九　一種の鶏卵《たまご》豆腐

豆腐をつかみくずし、細かい目の水嚢《すいのう》で濾《こ》す。この豆腐を酒一合に水二合の割合で煮る。もっとも、炭火で六時間も煮れば、この濾した豆腐は一つにまとまる。だし醬油の味をかげんして、金匙《かなさじ》で適当な大きさにすくって器に盛る。辛みを見合わせて置く。

#木綿豆腐、絹ごし豆腐のいずれを用いてもよい。六時間も煮る必要はない。中火で二、三十分で寄ってくる。

六〇　源氏《げんじ》豆腐

豆腐を大骰（大きな骰の目）に切り、笊籬《いかき》に入れてふりまわし、角をとる。焼き鍋に油をほんの少し引き、転がしながら焼き、からし酢で溶いた赤味噌を入れて、味噌ころばしにする。

#木綿豆腐を用いる。

六一　女郎花《おみなえし》田楽

豆腐を胡椒《こしょう》醤油のつけ焼にして、蒸した粟粉《あわ》をふりかけて供す。

本編三九の粟を用いない作り方を、粟豆腐（144ページ参照）と名づけ、今、粟を用いた作り方を女郎花豆腐という。まことに好事家の趣向というべきである。姿形・風味とも、いずれ劣らない奇品である。

＃木綿豆腐を用いる。

六二　あやめ豆腐

豆腐を布に包んで、水をしぼり、同量の生麩《なまぶ》を合わせてまぜる。それを布巾に包んで、蒸し、さましてから、好みに応じて切り、醬油・酒塩で煮て、山葵味噌《わさびみそ》をかける。山葵味噌の作り方は、前編八二茶豆腐の項（73ページ）を参照。

＃木綿豆腐を用いる。

六三　紅豆腐

この作り方は、一家の秘伝なので、一般には公開しない。

六四　真の豆腐

豆腐の水気を切り、塩をふりかけ、夏の暑い時分なら六時間ほど、冬ならば暖かい所に一昼夜おいて、それから豆腐をつかみくずして、油で炒る。炒り方は、前編一〇雷豆腐（36ページ参照）のようにする。

おろし大根・唐がらし・白葱のざくざくを添えると、またなかなかの風味が加わる。

#木綿豆腐を用いる。

六五　豆腐じい

白酒*1に麹《こうじ》を入れ、臼《うす》でよく挽《ひ》き、そこへ紅麹《べに》*2と粉山椒を入れる。紅麹が手に入らなければ、入れなくてもよい。前編一五の押し豆腐（39ページ参照）を中骰（中くらいの骰の目）に切り、塩をふりかけ、塩が豆腐に染み込んだら、右の酒に二十日あまり漬けておく。

＊1白酒　主に雛祭《ひなまつり》に用いる酒。米麹と酒をまぜて、二カ月ほどおいてから、ひきくだいて醸造する。甘味があり、濃厚な白色をした酒。山川酒ともいう。

＊2紅麹　蜜柑の一種。中国に多く産する。小紅蜜柑ともいう。

#木綿豆腐を用いる。

六六　同じく豆腐じい

もろみ*1に醤油を少し加え、柚子《ゆず》の皮をできるだけ細く刻み入れる。

押し豆腐を大骰に切り、塩にまぶす。ただし、豆腐十丁に塩三、四合の分量が目安。

豆腐を壺に入れ、七、八日おいたらとり出し、蒸してさましてから、右のもろみに二十日あまり漬けておく。

＊1もろみ　諸味。醸造して、粕をこしていない酒。現在の清酒では、もろみをこしたものが清酒であり、こさないものが濁酒である。

六七　同じく豆腐じい

右のようにして蒸した豆腐を保存しておくには次のようにする。酒粕をみじんにたたき、酒と醬油を少しずつ加えた粕を作り、粕一層、蒸した豆腐、さらに粕一層、豆腐一層というように幾層にも重ねて漬けておく。寒のころに仕込んで、土中に埋めておけば、翌年の夏までもつ。

六八　小倉《おぐら》田楽

揚げ豆腐の片方を切りそぎ、煮た小豆をぱらりとのせて、串に刺し、生醬油のつけ焼にする。

おろし柚子をふりかけて出す。

揚げ豆腐に胡椒醬油をつけて焼くのを、蘭若鱒《てらます》という。

#木綿豆腐を用いる。
生揚げ（厚揚げ）を大きいままつけ焼きし、適当な大きさに小口切りにし、その切り口に小豆をのせる。

六九　千歳豆腐《ちとせ》

豆腐の布目をとり去り、厚さ六、七分（約二cm）に切り、松毬《まつかさ》のような切り目を入れ、切り離れないように湯煮する。当然、包丁の手ぎわのよさを見せるものである。これを網杓子ですくって器へよそい、青味噌に独活《うど》を擂《す》り入れたものを、そろりとかける。味噌が豆腐の切れ目に染み込んで、自然と松の香りがする。豆腐を図のように切って、上へ葛粉をふり、しばらく置いてから、湯煮するのを苛高《いらだか》豆腐という。味かげんは好みでよい。

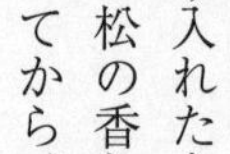

#木綿豆腐を用いる。
いかに切れ目を入れて作る、松毬いかと同じように、包丁を斜めに寝かせて切れ目を入れる。湯煮すると、いくらか松毬らしい感じにはなる。独活はあくがからんで色が変わりやすいので、流水にさらすか、酢水であくをとめてから擂りおろす。

七〇　松の山

焼豆腐を直径一寸四、五分（約四・五㎝）の平円《ひらまる》に切って焼く。平円とは、玉の形ではなく、図のような平らな円のことである。そして、焼きたてに、青海苔のとろろ汁をざぶりとかける。青海苔は多めにかけたほうがよい。

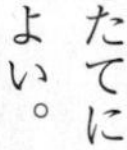

前編四七薯蕷《いも》かけ豆腐（54ページ参照）を味噌仕立てにした応用料理である。

#木綿豆腐を用いる。

まず、青海苔入りのとろろ汁をかけ、それから青海苔をたっぷりふりかける。とろろ汁は、真っ青にする必要はない。

七一　ころも手

前編一二凍《こごり》豆腐のところ（37ページ参照）に出てくる速成《はや》凍豆腐を、鰹のだし醤油で煮る。そして卵のふわふわ[*1]をざぶりとかけて、胡椒をふってできあがり。

＊1卵のふわふわ　卵を溶いてから熱湯に入れると、ふわふわ浮きあがってくる。そのふわふわをすくって使う。

#木綿豆腐を用いる。

七二　一種の沙金《しゃきん》豆腐

豆腐の水気をしぼって、よく摺《す》り、祇園坊《ぎおんぼう》*1を十分の一ほどまぜ、さらによく摺り合わせる。まな板に美濃紙を敷き、右の摺り豆腐を薄くまんべんなく塗りのべ、中へ生姜《しょうが》味噌に砂糖を加えたものをのせ、美濃紙と共に包んでくくり、湯煮する。美濃紙をとって料理に用いる。

前編五五沙金豆腐（58ページ参照）とは別の作り方である。

*1祇園坊　渋柿の一種。中国・四国地方に多く産す。渋皮をとって、吊し柿にする。

#木綿豆腐を用いる。

味噌は豆腐の中にきちんと包みこまなければ、湯煮したときに流れ出てしまう。ていねいに形を整えて、沙金包みにする。

七三　鮑《あわび》豆腐

四三うずみ豆腐の項（146ページ）を参照。

#木綿豆腐を用いる。

七四　紅葉《もみじ》豆腐

豆腐の水気をしぼり、小麦粉を入れて、よく摺り合わせる。唐がらしの芯と種をとって、酒で半日ほど煮て、それを細く針に刻み、一方、少量の生姜《しょうが》も針に刻んで、この二品を、右の摺った豆腐にほどよくまぜ合わせ、豆腐一丁ほどの大きさの四角形に形を整える。それを、丸ごと油で揚げ、小口切りにして蒸す。ふくさ味噌を水でゆるめて温め、敷き味噌にして出す。

右の唐がらしの煮汁を、味噌に摺りまぜて、別製の唐がらし味噌にするとよい。そんなに辛みがなく、なかなか乙《おつ》なものである。今、ここでは関係はないとはいえ、ちなみに記しておく。

摺り豆腐に小麦粉と太白砂糖を少々摺り合わせ、かげんよく煮た大納言小豆《あずき》*1の粒状のものをまぜ、右のように作るのを、桜豆腐と名づける。

＊1大納言小豆　小豆の在来種で、粒が大きく、味がよい。尾張（現在の愛知県）が原産地なので、尾張大納言にかけて、大納言小豆と洒落《しゃれ》ていう。

#木綿豆腐を用いる。

小麦粉は豆腐の一割ぐらい。唐がらしは半日も煮ることはない。しんなりして刻みやすくなればよい。油で揚げたところで食べるほうがうまい。

七五　芝蘭《しらん》*1豆腐

白胡麻《ごま》をよく摺《す》り、白味噌を加えて、さらによく摺り、葱《ねぎ》の青身も白身もみじんに刻んで入れて、摺り合わせ、これに古い酒で溶きゆるめて煮る。味噌七に葱三の割合がよい。さて、豆腐を適当な大きさに切り、かげんよく煮て、敷き味噌にして器に盛り、おろし大根を置く。

味噌かけ、あるいは敷き味噌の類はかなり多いが、ここでは、葱を味噌に摺り合わす作り方を紹介したが、一種の趣向である。

＊1芝蘭　芝は瑞草《ずいそう》、蘭は藤袴《ふじばかま》の古称で香草。香りのよいもの、すぐれたものの意。

#木綿豆腐、絹ごし豆腐のいずれを用いてもよい。

葱の青い部分は、色が飛ばないように、最後に味噌に加えること。

七六　鰻《うなぎ》豆腐

浅草海苔をまな板に敷き、その上に、摺り豆腐に小麦粉を少し混ぜたものを、三分（一cm）ほどの厚さに塗りつける。これを幅二寸五、六分（約七cm）に切り、胡麻油でさっと揚げ、串に刺して山椒醤油のつけ焼にする。

すべて精進の物を肉類の形に模して作ることは、世間で往々にして用いられている。つまりは、つたない方法というべきであろう。とはいっても、前編、本編とも、味わいのすこぶるよいものだけ、二、三あげて、百珍の数に合わせた。

#木綿豆腐を用いる。

七七　紫《むらさき》豆腐

豆腐の水をしぼり、よく摺って、紫蘇《しそ》の葉を摺りまぜ、紅を少し入れる。適当な大きさにとって蒸し、味かげんは好みに従う。

#木綿豆腐を用いる。
紫蘇の葉は細かに刻んで、水にさらし、しぼってから摺る。

七八　菜花《なたね》飯

本編九五豆腐飯の項（176ページ）を参照。

#木綿豆腐を用いる。

七九　馬鹿煮豆腐《ばかにどうふ》

豆腐一丁に、酒二升の分量で、一晩漬けておき、翌日煮つめる。葛あんをかけ、おろし生姜《しょうが》を置く。

南京焼[*1]の蓋のある、鳳凰《ほうおう》の模様のついた茶碗などに盛るとよい。

＊1南京焼　中国清朝時代の景徳鎮民窯磁器。

＃木綿豆腐を用いる。

馬鹿にならぬ材料費。馬鹿にでもならなければ、長時間の鍋番もできない。そのせいかできあがったものの味わいも、なにやら馬鹿馬鹿しい。

八〇　禅豆腐《ぜん》

焼豆腐を、平鍋にびっしりと並べ、多いときは、重ねてもかまわない。上にふくさ味噌をべったりと、豆腐が隠れるほどにのせる。水気なしで、半日あまり文火《ぶんか》(弱火)

で煮る。もし焦《こ》げつきそうになったら、酒塩や薄醤油を少しずつ、何度もさす。味噌と豆腐を一緒にすくって、器にきれいによそう。摺り山椒を置く。もっぱら曹洞宗の一派で用いられている料理である。[*1]

前編六三茶《さ》れい豆腐（63ページ参照）と、だいたい同じ作り方である。

＊1曹洞宗　禅宗の一派。日本では、道元が入宗して法を受け、帰朝後これを伝えた。只《し》管打坐《かんたざ》を説き、福井県志比の永平寺、横浜市鶴見の総持寺を大本山とする。永平寺は、精進料理で日本の料理に大きな影響を与えた。

#木綿豆腐を用いる。

まず、鍋底に竹皮か笹を敷いてから豆腐を並べる。味噌は酒でゆるめておいたほうがよい。

八一　合歓《ごうかん》豆腐

豆腐と餅とを同じ大きさに平らに切って、別々に湯煮し、平らな奈良茶碗に、豆腐の上に餅を重ねるようによそう。

葛あんをかけ、しぼり生姜を落とし、花がつおを置く。

#木綿豆腐を用いる。

試食してみたところ、豆腐は餅の倍以上の量があったほうが食味のバランスがよさそうだ。豆腐の上の餅が滑りやすいので、豆腐と餅の間に海苔を敷いてみるのも一法。

八二　巌石《がんせき》豆腐

豆腐の水分をよくしぼっておく。鶉《うずら》の肉に葛粉を少し入れる。おのおの別々によく摺ってから一つに合わせて、さらによく摺り、適量をとってゆがく。もっとも、豆腐の水気をよくしぼりとっておかないと、肉とまざり合わない。

別に、だし醤油の味かげんをよくみて、辛みを一緒に入れるとよい。

鴨でも作るが、鶉で作るのが最もおいしい。

片桐石州侯《かたぎりせきしゅうこう》＊1の好んだ料理である。

＊1片桐石州侯　大和小泉藩一万六千四百石の藩主（一六〇五〜一六七三）。従五位下石見守貞昌《いわみのかみさだまさ》は宗関《そうかん》と号した。利休茶湯の研鑽につとめ、茶道石州流の創始者。小堀遠州のあとを受けて将軍家の茶道師範となった。

#木綿豆腐、絹ごし豆腐のいずれを用いてもよい。

〝巌石〟のイメージを出すには、材料をあまり摺り合わせないほうがよい。薬味は、胡椒がよく合う。

八三　ナンチン豆腐

白葱《しろねぎ》を五分（一・五cm）切りにして、酒煎《さかい》りにし、醬油の味かげんをみて、豆腐をつかみくずして入れて煮る。

青唐がらしのざくざくを置く。

#木綿豆腐を用いる。

八四　織部《おりべ》豆腐

豆腐一丁の布目をとり、角をとって、図のような円筒状の形にし、それを焼き鍋で転がしながら、よく焼く。附録三〇大竹輪豆腐の項（196ページ）を参照。筒切りで四つにする。

鰹のだし汁・醬油・酒塩を薄味かげんにし、汁を多めにして半日あまり煮る。

小割り胡桃・みょうがの繊《せん》切り・針山葵《はりわさび》・浅草海苔を置く。

焼豆腐を醬油に直鰹《じきがつお》*1で終日煮る。出すときに、道明寺《どうみょうじ》の糒《ほしいい》*2を少しふるのを湊《みなと》豆腐という。

*1直鰹　だし汁を用いずに、鰹節を直接入れてだしを出す方法。

＊2道明寺の糒　尼寺道明寺（藤井寺市・大阪府）で製する乾飯《ほしいい》。糯米《もち》を蒸して乾かしたもの。熱湯をそそぎ、やわらかくして食用にする。
#木綿豆腐を用いる。

八五　厚焼《あつやき》豆腐

平鍋に油を引き、豆腐を打ちこみ、水分の出ないように小麦粉を少し入れ、初めから酒塩と生醤油を入れて味かげんし、割り銀杏・木耳《きくらげ》・松露、そのほか前編一九飛龍頭《りょうず》（41ページ参照）に使った具を取り合わせて入れ、文武火《ひ》（中火）で煮る。途中、金杓子《かなじゃくし》で汁を何度もすくって、とり除く。豆腐はよく煮て、底が少し焦げつくほどになったら、鍋をうつむけにしてとり出し、焦《こ》げ目を削りとる。好きなように切って、温かいうちに出す。

これを安部《あべ》豆腐ともいう。
#木綿豆腐を用いる。
小麦粉を入れると焼きあがるのに時間がかかり、味もよくない。代わりに卵を用いたほうが焼きあがりも早く、味もよい。

八六　奈良茶《ならちゃ》豆腐

九五豆腐飯の項（176ページ）を参照。

#木綿豆腐を用いる。

八七　豆腐粥《がゆ》

豆腐を図のように小骰に刻み、葛湯《くずゆ》で煮る。煎塩《いりじお》で味かげんし、食べる直前にゆで、青菜のみじん刻みを、ぱっとかけ、しぼり生姜を落として出す。

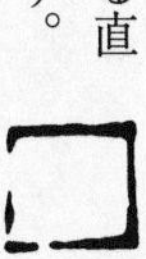

大骰に切って作るのを潮《うしお》煮という。

#絹ごし豆腐を用いる。

この粥は、豆腐を飯に見立てたもの。小さく、ていねいに切っておけば、意外とくずれない。仕立ては〝だし〟でなく、〝水〟のほうがよく合う。青みと生姜汁を落として、粥をひきたたせる。

八八　天狗《てんぐ》豆腐

鍋を四つ、並べて用意する。一の鍋には胡麻《ごま》油、二の鍋には白湯《さゆ》、三の鍋には酒、四の鍋には醤油を入れ、鍋は四つとも、強火で、くらくらと煮えたたしておく。

一つの鍋に一人ずつ、都合四人、銘々がそれぞれ網杓子を持つ。適当な大きさに切った豆腐を、まず第一の鍋へ入れて、くるくると二、三べんまわし、すぐにすくいあげる。次に第二の鍋へ入れ、くるくると二、三べんまわし、直接、第三の鍋へ移す。同じようにして、今度は第四の鍋へ移す。

それに先だって、一人は、茶碗を温め、山葵《わさび》味噌の敷き味噌をして、待ちかまえている。最後に豆腐は第四の鍋から敷き味噌へ移される。

山葵味噌の作り方は、前編八二茶豆腐の項（73ページ）を参照。前編九四揚げながし（81ページ参照）と四〇黄檗豆腐（51ページ参照）とを一つにまとめた料理である。転供《てんぐ》豆腐というべきものであるが、誤って天狗豆腐と言った。

#木綿豆腐を用いる。

八九　アンペイ豆腐

おぼろ豆腐を小さめの茶碗へ入れ、その中へ松露を一、二個包み入れて蒸す。茶碗蒸の作り方のようにする。

葛あんをかけ、おろし山葵を置く。

#木綿豆腐を用いる。
松露は、薄い塩水で洗い、湯煮したものを入れる。

九〇　塩豆腐

九六三清豆腐の項（177ページ）を参照。
#木綿豆腐を用いる。

九一　東雲《しののめ》田楽

白味噌を胡麻油で溶いて、初めから豆腐に塗《ぬ》って焼く。味噌が焦げないように裏返し、火を十分通す。

田楽を薄醤油のつけ焼にして、温めた白葛あんをかけ、摺り柚子を置いたものを、衛士《えじ》田楽と名づけている。衛士田楽と名づけられた理由はよくわからないが、ある人の説に、絵事《えじ》の誤りであるという。それは、絵事では白い部分を後で描くからという。どんな好事家が穿《うが》って名づけたのであろう。それにしてもなかなかおもしろい。

白葛あんは、葛に醤油を入れないで、焼き塩と焼酎《しょうちゅう》を入れて練ったものである。
#木綿豆腐を用いる。

九二　出世田楽

豆腐屋に、豆をひくとき、宿砂《しゆくしや》*1の粉末を入れてくれるように、あらかじめ注文しておく。豆腐一箱に宿砂一両（三八g）の分量とするのがよい。味噌には、交趾《コーチ》産の肉桂《にっけい》*2の粉末を二分くらい振りまぜておく。

田楽の作り方は、いつものふつうの作り方でよい。この田楽は味わいがよく、決して食べ飽きるということがない。

大坂四天王寺の古例に七種の料理というものがあるが、その一つである。

*1宿砂　縮砂。ショウガ科の多年草で、インド原産。花には芳香があり、香料として用いる。

*2肉桂　シナモンのこと。クスノキ科の常緑喬木で、根皮は辛味《からみ》と香気とを有し、薬用となる。当時、交趾（ベトナムのハノイ地方）の肉桂が有名だった。

#木綿豆腐を用いる。

九三　豆腐干《かん》*1

前編一五押し豆腐（39ページ参照）を薄醤油で炒りつけ、さましてから、一寸（三

cm）角、厚さ三分（一cm）ほどに切り、油で揚げて、また、醬油で味をととのえる。煎酒に、おろし山葵《わさび》を入れて用いる。

＊1豆腐干　宇治黄檗山万福寺門前の松本豆腐店では「豆腐羹」として売っている。

#木綿豆腐を用いる。

九四　榧《かや》の揚げ豆腐

豆腐を榧の油で、ふつうに揚げるだけでよい。風味が非常によく、形・味ともそなわった妙品である。調味・味つけとも好みに従う。

摺り豆腐に加料《かやく》を入れて、小さくとって、榧の油で揚げるのを、鶴もどきという。

#木綿豆腐を用いる。

九五　豆腐飯《めし》

よく精白した米の飯を、少し強《こわ》めにすっくりと炊き、前編一〇〇うどん豆腐（85ページ参照）のように切った豆腐を、適量まぜ合わせ、再び、蒸籠《せいろう》で蒸す。

麦飯のだし汁に、[*1]おろし大根、唐がらし、白葱《しろねぎ》、できるだけ細かく刻んだ浅草海苔、陳皮を薬料《やくみ》にして食べる。

七、八年のもみすり（玄米）を、塩を入れないで茶飯に炊き、笊籬《いかき》にあげて、入れたてのお茶をかける。また、別にたてたお茶の上に、その笊籬をのせ、蒸してから、奈良茶碗へよそい、おぼろ豆腐を味かげんしたものを、ざぶりとかけ、石のだし汁と具を入れて作ったものを奈良茶豆腐という。

豆腐の水をしぼり、小骰に切って、山梔子《くちなし》で染め、飯にまぜて、蒸して作るのを菜《な》花飯《たねめし》という。

＊1麦飯のだし汁　『黒白精味集』（一七四六）に、「鍋に味噌を塗りつけ、焦がし、醤油

と水を加えて煮たてる。蕎麦の汁によい」とある。

＃木綿豆腐を用いる。

九六　三清豆腐

大根のしぼり汁に同量の水を入れて、よく沸かし、焼き塩で味かげんした中へ、おぼろ豆腐を入れ、前編九七湯やっこ（82ページ参照）の煮かげんで煮る。これに生大根のしぼり汁をかけて出す。

三清とは、人の名前に由来するのか、また、三つとも清《すむ》という意味で名づけられたのであろう。

ふつうの豆腐を大骰（大きめの骰の目）に切り、右のように味つけしたものを塩豆腐という。

＃木綿豆腐を用いる。

九七　雲井《くもい》豆腐

大釜に湯をくらくらするくらいに沸かしておく。鯛の切身一寸（三cm）あまりのものを、まな板に並べ、沸かした熱湯をそそいで、魚の脂《あぶら》をとり除く。

豆腐も同じ大きさに切って、さっと焼き、奈良茶碗に並べてよそう。できるだけ熱く仕立て、生の煮返し醤油をかけ、おろし大根を置く。

#木綿豆腐を用いる。

九八　角《かく》おぼろ

禁裡《きんり》様（天皇）の御膳ものである。包丁家《りょうりか》の秘伝なので、世に伝えられていない。物識りのため、料理名だけ出して、百珍の数に入れる。

九九　掬水《きくみ》豆腐

豆腐二丁に鰹《かつお》の生節《なまぶし》（なまりぶし）の大きなものを三本くらいの割合で入れる。生節を小口切りにして、平鍋にびっしりと敷き並べ、生節が浸《つか》るように水を入れ、その上に、豆腐を丸のままのせる。豆腐は水に浸《つか》らないようにして、強火の炭火で半日あまり煮る。水がなくなったら、豆腐の浸《つか》らない程度に、水をさしながら煮る。

生節をとり出して、豆腐だけを焼き塩仕立ての潮煮にする。吸い口には白葱《しろねぎ》のざくざくのほか、花柚《はなゆ》*1でも木の芽でもよい。また、薄葛を溶き、おろし山葵を用いてもよく合う。

掬水は大坂の住人の名で、俳諧の名人である。

＊1花柚　柚の一種。花、つぼみ、皮の小片を酒や汁に入れ、その香りを珍重する。
#木綿豆腐を用いる。

一〇〇　紅《べに》はんぺん

豆腐の水をよくしぼってから摺《す》る。山芋か長芋をおろし、豆腐の分量の二割ほど入れて摺りまぜ、つなぎに葛粉少々を加えて、さらに摺る。

古渡《こわた》りの生燕脂《しょうえんじ》＊1の極上品を砂糖湯につけてよくしぼる。砂糖湯は、太白砂糖を煎じ、絹ごしにして、熱湯を用いる。生燕脂をしぼり出し、湯煎にして、かげんよく煎じつめ（ふつうの絵の具に使うよりは浅く煎じる）、右の豆腐に摺りまぜて、淡い紅色にする。

だいたい、豆腐二丁に生燕脂の葉一枚の分量である。濃い色をつけるのはよくない。適当な大きさにとって蒸す。蒸すと、色は少し濃くなるが、蒸しすぎるのはよくない。

また、その時の蒸しかげんによっては、皮を一度とり除いて、おぼろ饅頭《まんじゅう》＊2のようにする。これは、取り合わせにしたほうがよい。

南京焼の白磁の蓋茶碗をよく温め、敷き葛あんにして、おろし山葵を置き、その上に豆腐をよそい、薯屑《じょこ》をぱらりとかける。

薯屑の作り方は、前編五四瞿麦《なでしこ》豆腐の項（58ページ）を参照。

＊1生燕脂　中国から渡来した染料の名。鮮やかな紫紅色をなし、色褪せがしにくい。花《はな》没薬《もつやく》や紅花の汁を綿に染めて乾かしたもの。これを湯に浸し、しぼって使用する。

＊2おぼろ饅頭　朧饅頭。作り方はふつうの饅頭と同じだが、熱いうちに上皮をむく。

#木綿豆腐を用いる。

豆腐百珍附録

一　風流芋章魚《いもたこ》豆腐汁

芋、たこ、豆腐とも、中骰（中くらいの骰の目）に切り、まず、芋とたこを小豆《あずき》と一緒に煮る。煮えたら、小豆を洗いとり、煮えたっている味噌汁へ入れる。豆腐は後から入れたほうがよい。

花がつお、白葱《しろねぎ》、青唐がらしのざくざくを置く。

器は、葎椀《むぐらわん》＊1などを用いるとよい。

＊1葎椀『新撰庖丁梯』（一八〇三）の「器物図解の部」に七種の椀が示されているが、「ため塗、黒塗」の類とある。

#木綿豆腐を用いる。

二　納豆《なっとう》もどき

青豆をよく摺《す》ってから、味噌に摺り合わせる。青菜はみじんに刻み、豆腐は一分

（三皿）角の骰の目に切る。これを右の青豆汁に入れ、柚子の皮のみじんに刻んだものを散らし、からしを落とす。

だし味噌汁に、豆腐の一分角の骰の目に切ったものと、青菜のみじん刻みを同量ずつ入れ、からしを落としたものを須弥山汁《しゅみせんじる》という。

#木綿豆腐、絹ごし豆腐のいずれを用いてもよい。

赤味噌は青豆の色を損なうので、白味噌（好みで西京味噌）を用いる。青豆と味噌を合わせると味噌の塩分で豆の青さが飛んでしまう。先に豆汁を作って、煮立たせてから味噌を溶き入れたほうが、色と香りが生かせる。

三　鯉《こい》の濃醤《こくしょう》

豆腐を大骰に切り、筒切りにした鯉と一緒に煮る。これは、豆腐の煮かげんよりは、鯉の煮かげんを大事にするためである。干山椒をふる。

鯔《ぼら》を右のように調理するのも、また、なかなかよい。

#木綿豆腐を用いる。

豆腐の煮かげんも大事。鯉と一緒に煮てもよいが、あっさりしたほうがよければ、少し経ってから加えればよい。

四　能登《のと》の摺り豆腐

これは、能登の田鶴浜《たづるはま》*1という土地の名物である。京都・大坂・江戸の三都では、豆を石臼《いしうす》でひくが、田鶴浜では、摺鉢《すりばち》で摺り、豆腐を少しずつ作るので、繊細な味わいで、非常においしい。

*1能登の田鶴浜　現在の石川県七尾市（鹿島郡田鶴浜町）。七尾湾に面した漁村。近くに和倉温泉もあり、古くから交通の要所であった。

#木綿豆腐を用いる。

擂鉢《すりばち》は次第に使われなくなっている調理道具である。石臼も現在の豆腐屋、蕎麦屋で使っているところは少ない。いつの世も道具が大がかりになれば食べものの味も低下する。

五　胡麻《ごま》豆腐

白胡麻をよく摺《す》り、木綿の袋に入れて、水で濾《こ》す。これに上等の葛粉を溶いてまぜ合わせ、水分をとり去って、四角な器に入れて蒸し、固まりかかるのを待って、水に浸《つ》ける。分量の割合は、葛粉一升に対して胡麻五合である。

油をよく熱し、しぼり生姜《しょうが》を入れ、胡麻豆腐を中骰に切って、さっと揚げる。酒塩を使ってはいけない。あとの味つけは好みにしたがってよい。

#現在は、胡麻一、葛粉一、水八を鍋で練り、流し缶に流すのが標準である。揚げる油にしぼり生姜を入れる、とあるが、どんな効果があるのだろう。揚げた胡麻豆腐にしぼり生姜を落とす、の間違いか。

六　西洋湯葉《なんばんゆば》

胡桃《くるみ》の実を細かく刻み、小麦粉をまぶし、巻き湯葉の中へ詰め、（油で揚げ）醬油で煮染め、小口切りにする。

#湯葉を用いる。

胡桃は包丁でできるだけ細かに刻み、広げた湯葉に平均に撒《ま》き、しっかり巻きこんで、巻止めと小口に水溶きの小麦粉を塗《ぬ》る。なお、西洋（南蛮）の意味（「油で揚げる・葱を使う・唐がらしを入れる」など）が抜けているようだ。（　）で補足しておいた。

七　広東汁《カントン》

卵を摺りまぜた味噌の汁を沸かし、おからの油炒りを入れる。

#おからを用いる。
卵は生卵なのであろう。全卵ではなく、黄身だけかもしれない。味噌に練りこんで味噌汁を作る。煮立つ前におからを入れ、あくをすくう。薬味は、唐がらし、粉山椒など好みのものを。

八　合わせ餅《もち》

三寸（九㎝）あまりの丸餅を串に刺して炙《あぶ》る。串ごと二つ合わせて、その間に味噌焼き豆腐をはさむ。祇園《ぎおん》の二軒茶屋の名物である。五十年前までは、いつも出していたものであるが、今は、毎年六月一日に、季節のものとして作って出している。
#木綿豆腐を用いる。

九　呉州汁《ごすじる》

丹後の金太郎鰯《いわし》*1を焼いて、尾と頭をとり、ぶつ切りにし、白葱のぶつ切りと一緒に入れて、おからの味噌汁にする。
＊1丹後の金太郎鰯　京都府与謝郡の近海でとれるイワシの俗称。味のよいイワシとして古くから知られる。

＃おからを用いる。
イワシは、まず、ぶつ切りにしてから串に刺して焼いたほうが身がくずれない。

一〇　ノリマキラズシ
海苔《のり》巻のおから鮓《ずし》ということである。浅草海苔に酢を少し打ち、ふつうの海苔巻鮓のようにする。鮓飯《すしめし》の代わりにおからを用いるのである。卵をつなぎに入れ、胡麻油・酒塩・醤油で味つけし、むしり鯛・木耳《きくらげ》・栗の針・粉山椒を入れる。
＃おからを用いる。
海苔に酢は打たないほうがよい。具に軽く酢をきかせる。

一一　湯葉《ゆば》の白和え
湯葉を細く切り、罌粟《けし》味噌に豆腐を摺り合わせ、白和えにする。
＃木綿豆腐を用いる。
豆腐はしっかり水切りをする。

一二　水仙《すいせん》和え

白葱をよくゆで、罌粟《けし》の実、胡麻味噌、豆腐で白和えにし、粉山椒をふる。

＃木綿豆腐を用いる。

葱は五分（一・五cm）切りにする。

一三　白和え

魚肉はなんでもよいが、大骰に切って塩湯で煮、煮汁を切っておく。白胡麻を摺り、味噌六分に豆腐四分の割合でよく摺り合わせ、これで和える。

＃木綿豆腐を用いる。

白和えを作るとき、豆腐は軽く水を切る程度でよい。水切りをしすぎると、濃厚な白和えになってしまう。味噌は西京味噌である。具は魚だけでなく、野菜など好みのものを。

一四　菜饅頭《さいまんじゅう》

銀杏・麩《ふ》・皮ごぼう・慈姑《くわい》・揚げ豆腐・椎茸《しいたけ》を、全部一分（三㎜）角の骰の目に切り、青菜はみじんに刻み、この七品を一升くらいの分量にする。これに対して、七、八勺（約一四五cc）の油をよく熱し、まず、銀杏・皮ごぼう・青菜を炒りつけ、次に、椎茸・麩・慈姑・揚げ豆腐を入れ、さらに炒りつけてから醬油で味つけをし、さましておく。

小麦粉をよくこねて酒塩を少し加え、かなり薄く打つ。酒塩を加えるので薄くのびる。それを、二寸三、四分（約七cm）の円に切り、図のような網笠《あみがさ》の形に折って、加料《かやく》を包み、指に水をつけ、口をなでるように合わせて、蒸す。

前編七七に出ているけんちん酢（71ページ参照）をかけて食べる。

＃木綿豆腐を用いる。

具は一分角の骰の目切りだから、全部一緒に炒りつけてかまわない。青菜のみじんだけは最後に加える。

一五　片食《へんしい》

加料《かやく》も作り方も右の菜饅頭のようにする。これを図のような茶巾《ちゃきん》饅頭の形に包み、合わせ口を右と同じく、指に水をつけてなで、おさえて止め、醬油

で煮る。

いかにせん*1 こしきに蒸せる饅頭の
　思いふくれて　人の恋しき

菜饅頭に寄せて、恋の気持を詠んだ和歌である。

＊1いかにせん　どうしましょう。こしきで蒸している饅頭のように、私の思いもだんだんふくれあがって、あのひとが恋しくて、たまらない。なお、「片食」は片思いの意である。

#木綿豆腐を用いる。

一六　湯葉膾《ゆばなます》

湯葉を醬油で煮染めてから、油で揚げ、細切りにする。

大根をおろして、汁をしぼり、その汁に厳《きぶ》い酢（最も酸味の強い酢）を同量合わせる。

大根のしぼった身のほうに、刻み湯葉をまぜ、生盛《いけもり》にして、右の合わせ酢を器の底へ入れる。

針に刻んだ生姜を取り合わせに置く。

#湯葉を用いる。

湯葉は揚げれば、ぱりっとするので細切りにはしにくい。適当な大きさに切るか、細切りにしてから油で揚げ、醬油でさっと煮てもよい。

一七　落葉《おちば》おから

おからと鰹節《かつおぶし》の粉末を等分ずつ合わせ、粉山椒と胡麻油を少し加えて、ふつうの醬油の味かげんで炒る。これに、刻み椎茸・割り銀杏・焼き栗・揚げ麩を別々に味をつけて入れ、切飯《きりめし》の木型に入れて、押し出す。よい酒の肴になる。

#おからを用いる。

一八　巾着《きんちゃく》豆腐

茄子《なす》の中身をくりぬいておく。摺《す》り豆腐に前編一九飛龍頭（41ページ参照）の加料《かやく》のうちから見計って、二、三品選び、味をつけて入れ、茄子の口を閉じる。これを油で揚げ、薄醬油と酒塩を少し入れて煮る。

#木綿豆腐を用いる。

茄子をくりぬいたら、中に小麦粉をふってから具をつめる。口は小麦粉を水で溶いて、どろりとさせたものをつけ、油の温度は中温でゆっくり揚げる。

一九　泥鰌《どじょう》汁
割り葱でも、白髪《しらが》ごぼうでもよい。取り合わせに揚げ豆腐の細切りを入れる。味わいのよい汁である。
#木綿豆腐を用いる。
揚げ豆腐は、豆腐を泥鰌ぐらいの大きさに切って揚げるが、油揚げか生揚げで代用してもよい。これを泥鰌に見立てているわけで、取り合わせるものに、割り葱か白髪ごぼうということである。

二〇　無名一種の煮物
鯛の切り身・焼豆腐・松露を、だし汁と薄醬油でかげんよく煮て、柚子《ゆず》の皮の針をふっさりと置く。
#木綿豆腐を用いる。

二一　無名一種の汁
垂れ味噌[*1]と醬油ですまし汁にし、菹《くき》（茎漬）の葉のみじん刻みに揚げ豆腐の繊切りを入れる。

＊1垂れ味噌　味噌に水を入れて煮つめ、袋に入れて液をしたたらせて作った調味料。

#木綿豆腐を用いる。

この場合の揚げ豆腐は、油揚げ（薄揚げ）のことであろう。

二二　鮓煮《すしに》

大きな平鍋《ひらなべ》に、おからを厚さ六、七分（約二㎝）ほど敷き、その上に生鰯《なまいわし》をひと並べ敷く。さらに、同じように、おからを敷き、鰯を並べてというように、四、五層《へん》くり返す。その真ん中へ穴をあけ、その穴へ醬油をひたひたに入れて、酒をさして煮る。

#おからを用いる。

おからは最初から酒と醬油でゆるめておき、鍋を火にかけ、煮立ってきたら弱火にして一時間ほど煮込む。途中で、酒、醬油をさし加えてもよい。おいしい料理である。

二三　デンボウ煮

素豆腐・卵・岩茸《いわたけ》＊1・鴨をごちゃ混ぜに入れ、醬油で味かげんして、デンボウ焼＊2にする。摺り山椒を添える。

＊1岩茸　石茸《いわたけ》とも。地衣類の一種。深山の岩面に生じ、岩壁をよじ登って採集する。直径三〜二〇㎝の偏平な葉状円形をなし、表面は灰褐色、裏面は黒色。干して食用にする。

＊2デンボウ焼　伝法焼。伝法は、京都の伏見稲荷《ふしみいなり》付近や摂津国伝法（大阪市此花区伝法町）で作られる土器。この土器に入れて焼く料理を伝法焼といった。

#木綿豆腐を用いる。

二四　無名一品の酒の肴

新凍《こごり》豆腐を薄醤油と酒塩であっさりと煮て、ひたひたの温かい汁に、花がつおをたっぷりとかけ、針山葵《はりわさび》を置く。

新凍豆腐とは、前年の寒中に作ったものを三、四月ごろまで用いることをいう。凍豆腐は前編一二（37ページ）に出ている。

#凍《こお》り豆腐を用いる。

二五　また

小鯛のうろこをとり、よく洗う。腹の中へ味つけしたおからを詰めこんで、蒸す。

おろし生姜を置く。

#おからを用いる。

小鯛は背のほうから包丁を入れ、中骨をとる。おからを詰める前に、酒醬油でさっと洗う。

二六　浅茅鯛《あさじだい》

一夜塩した鯛を、適当な大きさに切って、よく蒸す。これを油炒りしたおからにまぶし、粉山椒をふる。

#おからを用いる。

鯛は、あらかじめ切り身にし、塩をしておいてもよい。蒸すときに、酒を少しふりかける。

二七　粉豆腐

大豆を粉にして、よくふるいにかけ、こねて棒の形にして、小口切りにする。

寒村僻地《へきち》の豆腐のないところで、元旦の正月料理の豆腐の代わりに、雑煮餅に加えて用いる。粉豆腐という名前なので、ここに出して、博物好事の一資料とする。

#大豆を用いる。

二八　豆腐もどき

青豆の粉と小麦粉を七対三の割合にまぜ合わせ、沸湯《ふっとう》でこね、うどんのように打って切り、ゆでる。一度煮立ったら、さし水をして、再びゆで、笊籬《いかき》（ざる）へあげ、うどん豆腐（85ページ参照）と同様に仕立てる。

#青豆を用いる。

二九　鮫《さめ》豆腐

豆腐の水分をよくしぼり、葛粉を入れて、よく摺り、油と醤油でさっと炒りつける。前編一〇雷豆腐（36ページ参照）のように作るのである。

一方、別に、茄子を油で炒め、ふつうのだし仕立てにして、右の炒り豆腐を、茄子の上にぱらりとかける。両方とも熱いうちに用いる。

白葱のざくざく、唐がらし粉、おろし大根を置く。

#木綿豆腐を用いる。

三〇　大竹輪《おおちくわ》豆腐

中・小の竹輪豆腐は、世間に多く出まわっているが、丸ごと一丁の大竹輪豆腐は、ふつうの作り方では焼くことはできない。豆腐一丁の布目をとって、図のように角をとり、棒状の形にし、真ん中へ、丸い木の芯をさして、焼き鍋で、転がして焼く。味かげんは好みでよい。

本編八四織部豆腐（169ページ参照）も、この作り方を用いているが、真ん中に穴を通していない。

#木綿豆腐を用いる。

三一　一品の風呂吹き

天王寺《てんのうじ》蕪菁《かぶら》*1 をやわらかくなるまで、十分に蒸す。かけあんとして、細切り豆腐の葛煮にしたものを、ざぶりとかけて、摺り山椒を置く。もちろん、豆腐は醤油の葛煮である。器は温めて用いるが、楽焼の蓋茶碗などがよい。

*1天王寺蕪菁　カブの一品種。大阪市天王寺の原産なので、この名がある。大型で、甘味があり、質がよい。風呂吹きのほか、千枚漬、粕漬にも用いられる。

#木綿豆腐を用いる。

天王寺蕪菁は厚めに皮をむく。蒸してから四つあるいは八つに切り分ける。

三二　長刀魚《たちうお》*1の焼物

大きめの長刀魚を三枚におろし、身のほうに薄塩をあてる。生のおからは少し塩をまぜ合わせて、右の長刀魚を鮓《すし》につけ、重石をしっかりかけ、一晩ほどおいてとり出す。おからをとり払わずに、そのまま焼く。質素だが、すがすがしい味がする。

*1長刀魚　タチウオ科の海水魚。体長一・五mほど。太刀状をしている。

#おからを用いる。

三三　狸汁《たぬきじる》

こんにゃくをちぎって、つぶつぶにし、胡麻油で揚げ、これを実にして、よく摺ったおからの味噌汁に入れる。

#おからを用いる。

ちぎったこんにゃくは、乾いた布巾の上にとり、よく水気をおさえてから揚げる。少量なら、たっぷりの油で炒めてもよい。

三四　待兼《まちかね》おから

おからを、味噌桶の底へつめ、丸のままの唐がらしを、数を見合わせて入れておく。上層の味噌を、毎日、徐々に使い終わるまでおき、味噌がなくなって、底までいったら、おからをとり出す。初めに入れておいた唐がらしのほかに、山椒・榧の実・麻の実・白胡麻・陳皮の粉など、見はからって、加料《かやく》に用いる。よい酒の肴である。

#おからを用いる。

三五　初霜《はつしも》

雁《がん》でも鴨でもよいが、鳥の吸い物に、芹《せり》でも水菜でも青味をあしらって、器によそう。その上に、おからを焙炉《ほいろ》にかけ、薬研《やげん》で十分に粉末にしたものを、ぱらりとかける。もちろん、おからが汁の中に消えてしまわないうちに出す。

#おからを用いる。

三六　甘露《かんろ》豆腐

凍《こごり》豆腐の最もよくできたものを、水に浸《つ》けて、氷はたき砂糖（ざらめ）で、よく煮る。塩味を入れず、小さな奈良茶碗で吸い物として出す。

別に、酒の肴の取り合わせとして、非常に辛いものと非常に厳い酢《きぶ》の物を、どんなものでもよいから見はからってあしらう。酒飲みの喜ぶ趣向である。

#凍《こお》り豆腐を用いる。

三七　うずみ蒲焼

鰻《うなぎ》の蒲焼《かばやき》や他の焼物にも用いる。おからをふつうのように胡麻油で炒め、炒めたての熱々《あつあつ》で、蒲焼の身が隠れるくらいにうずめる。これは手早くとり扱い、器の蓋をよく締めておく。長く置いておいてもさめないという趣向である。遠くへ持ち歩くとか、人におくる時などに最適である。味かげんは、附録二六浅茅鯛（194ページ参照）などの趣向と同様にする。これも非常においしい。

ゆで卵を丸のまま、右のようにおからにうめたものもなかなか結構である。

#おからを用いる。

三八　太平田楽

一間（一・八m）四方の大きな田楽炉をこしらえ、炭火をいっぱい入れて、火をあかあかとおこす。田楽串の尾《しり》（根元）を尖らし、味噌を田楽に塗る。新しい畳《たたみ》を四枚用意し、その畳に、びっしりと田楽を突き刺して、田楽炉のまわりに立てる。田楽が火より二尺四、五寸（七五㎝）以上離れるようにする。

大勢の人々が腹鼓《つづみ》を打って楽しめる。このように、いろいろの趣向をこらして飲み食いできるのも、天下太平の世の中だからである。

万歳万歳　万万歳
田楽の　箭《や》さけび高し　御代の春
（田楽を楽しみ、矢のような田楽串をかざして、歓談にうつつを抜かす。なんと平和な世の中だろうか）

#木綿豆腐を用いる。

豆腐雑話

豆腐料理の古名

空豆腐《うつぼ》という料理がある。いつの時代のことであったか、天皇のご命名と伝えている。今では、その料理のつくり方はよくわからない。

くずし豆腐を煮て、葛あんをかけ、その上へ卵を割り流すのを、おぼろ煮という。この類の料理は多すぎるので、本編には載せなかった。

前編二雉子焼田楽（30ページ参照）の焼きたてを、生のからし醬油をつけて食べるのを治部《じぶ》豆腐という。焼きたてを醬油につけこんだとき、ジブジブという音のするところからつけられた名前である。

前編五はんぺん豆腐（32ページ参照）を鯰《なまず》くずしという。

前編四七薯蕷《いも》かけ豆腐（54ページ参照）を淡雪《あわゆき》という。

前編九八雪消飯《ゆきげめし》（83ページ参照）のところに出てくるうずみ豆腐を、雪の下という。いずれも昔からある名前である。

前編の『豆腐百珍』で紹介すべきところを、たまたま忘れてしまったので、今、ここに好事のために書き記しておく。

豆腐を煮ても固くならない方法

どんな豆腐でも、ちょっとでも煮すぎると、固くなる。しかし、葛湯で煮ると固くならない。

魚肉と一緒に煮れば、魚の脂の作用で固まらない。

灰汁《あく》を少し入れて煮れば、固くならない。灰汁は、練物屋《ねりものや》で用いる、たれかえしの灰汁である。この灰汁で、豆腐の苦汁《にがり》をとりさる。苦汁がなくなれば、いつまでも固くならない。

豆腐を松茸と一緒に煮る

豆腐を松茸と一緒に煮て、その味わいを賞味するのは、中国でも同じことである。元の程渠南《ていきょなん》という人に、次に掲げる詩があると、葉子奇の*1『草木子』に出ている。

頭《トウ》子《シ》光々脚似《コウコウアシニタリ》レ丁《テイニ》

秪宜《タダヨロシク》豆腐《ト》與《トニ》二波稜《ホウレンソウ》一
釈迦《シャカ》見了《ミヲワリテ》呵《カ》々笑《カトワラフ》
煮殺許多《ソコハク》行脚僧《ノアンギャノソウ》

（松茸《まつたけ》の傘は僧の頭のようにつやつやとし、脚のほうまで見ると丁の字の形に似ている。豆腐とほうれん草の料理によろしい。釈迦はそれを見て、多勢の行脚僧が煮殺されていると、大笑いするであろう）

＊1葉子奇　中国明代の人。字は世傑。元代の故事にくわしく、著書に『草子木』のほか、『太玄本旨』などがある。

伊藤仁斎先生の詩＊1

豆腐を好む人は、驕奢《おごり》（わがまま・ぜいたく）をせず、倹約して豆腐を毎日のおかずにしている。歯の弱い老人、あるいは歯の抜けた人などにとって、どんなに佳味珍肴がたくさんあっても、これを目で見、鼻で匂いをかぐことができても、食べにくいものである。たとえ、無理に食べてみたところで、本当の味を知ることはできない。最近、孝行臼《こうこうす》＊2という製品があるが、これを用いても、その真の味を味わうことができないのに似ている。ただ、豆腐だけが、歯の一本もない衰えた老人でも、毎日でも食べられる美味ではなかろうか。

現在、日本で作られる豆腐は、『本草綱目』の豆腐とは違って、とても白く、やわらかで、食べても害のないことは、名医香川修徳先生の話（『薬選』および『豆腐百珍』の巻末に出ている〈107ページ参照〉）に詳しい。

なお、伊藤仁斎先生に、次のような詩がある。

歯揺臼脱百難レ食
唯覚二食中豆腐優一
浩博淮南鴻列解
未レ如二斯味厚能柔一

（歯がすっかり駄目になって、何でも食べられるわけではないが、だからこそ豆腐のすばらしさを感ずるのである。広い知識をたたえた『淮南鴻列解』（『淮南子《えなんじ》』の別名）という書物を読んだ。味わいも、とてもこの豆腐の厚く柔らかい味には及ぶまい）

＊1伊藤仁斎先生　江戸時代の儒学者（一六二七〜一七〇五）。京都堀川で古義堂《こぎどう》を開き、塾生三千人を数えたという。香川修徳の師。著書に『論語古義』など。

＊2孝行臼　歯の悪い人のために臼でひいて食べられるようにつくられた携帯用の臼。しかし、当時、実際に存在したかどうかわからない。

職人尽歌合の歌

職人尽歌合では、おのおの左右に分かれて、歌を合わせている。題に、月と恋を出し、討論して、その優劣を判定する。そのなかに、非常に興味のそそられる歌がある。三十七番の豆腐売りである。

ふるさとはかへのとたえにならとうふ
　しろきは月のそむけさりけり
（故郷では、壁の切れ目に奈良豆腐を塗りとめる。だから、その豆腐の白さで壁を照らしている月も顔をそむけてしまうほどだ）

こひすれはくるしかりけりうち豆腐

まめ人の名をいかてとうまし

（恋をすれば、うじうじと思い悩んで苦しいものである。宇治の豆腐を食べると、まことにあの人の名前を、どうしても尋ねずにはいられない）

鑑亭の狂歌

北村七里[*1]は、越後新潟の人で、別号を鑑亭という。俳諧の名家で、豆腐をこよなく愛し、次のような狂歌を作った。

雁鳧《がんかも》は我をみすて丶飛ゆきぬ
豆腐に翅のなきそうれしき

（雁や鴨は、私を見捨て、飛んでいってしまったが、豆腐には羽がないので、私のそばにいつもいる。だから、いとしい）

＊1北村七里　江戸時代の俳人。本文にあるように、鑑亭とも号した。各務支考《かがみしこう》の弟子で蕉門十哲の一人。

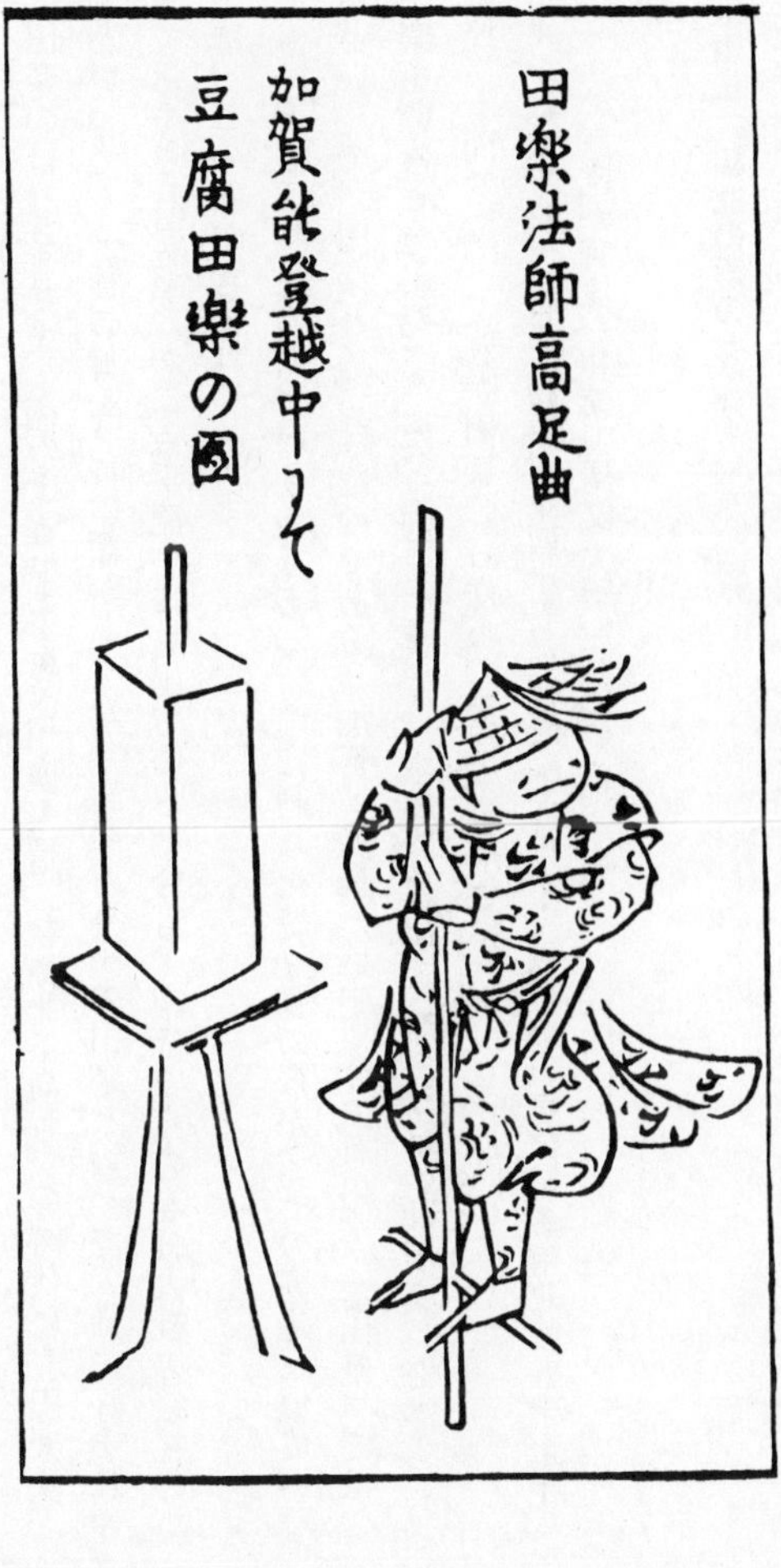
田楽法師高足曲
加賀能登越中にて
豆腐田楽の図

田楽の語源

田楽のはじまりは、次のようである。相模《さがみ》入道（執権北条高時）の時代に、田楽法師といって、一種の舞狂言《まいきょうげん》の類があった。新座・本座の田楽といって、世に好まれ、もてはやされたことが『太平記』[*1]にも出ている。今も、南都奈良の春日大社の祭礼の中に、この曲が含まれている。

もっとも、高足の曲というのもある。串に刺した焼豆腐の形が、その高足と似ているといって、田楽と名づけたのである。加賀・能登・越中（今の石川県・富山県）では、田楽をいろりで、たてに突き刺して焼く。本編六に出ている今宮の砂田楽（128ページ参照）も同じで、これが田楽の昔からの製法である。

＊1『太平記』 軍記物語、全四十巻。後醍醐天皇から後村上天皇に至る南北朝五十余年の争乱が華麗な和漢混淆文で描かれている。

『水滸伝』[*1]精進の酒の肴

『水滸伝』第三十八回に、戴宗《たいそう》という人物が、精進の酒を飲む場面があり、そこには、「摺り豆腐・加料《かやく》・胡麻《ごま》・唐がらし」とある。豆腐を摺りくだいて、やっこ豆腐にする調理法と思われる。中国でも、豆腐の調理法がいろいろあることを知るべきであろう。

＊1『水滸伝』梁山泊を根城に、一〇八人の英雄豪傑が活躍する中国の長編小説。成立は明代、宋代の二説あるが不明。著者も、羅貫中《らかんちゅう》とも施耐庵《したいあん》ともいうが不明。

笠原玄蕃[*1]の狂詩

正徳年間（一七一一〜一六）に、京都の詩人、笠原玄蕃（名は龍鱗、号は雲渓）という人が、祇園二軒茶屋で詠んだ狂詩がある。長い間、広く世間に、評判になった。

行尽《ユキツクス》祇園春　左右皆遊人
豆腐玳瑁駁《タイマイマダラニ》　葛溜琥珀新《クズタマリコハクアタラシ》
団飛雪軟炭《ハスノヤワラカスミ》　筒散花唐辛《ツツニハチラスハナノタウカラシ》
数杯飲了後《スハイノミヲハリテノチ》　少女携レ秤臻《コメロタズサヘハカリヲイタル》

（春らんまんの祇園に行けば、周りはみんな行楽の人ばかり。茶店の竹輪豆腐の斑《まだら》模様がべっ甲のようである。琥珀《こはく》のように輝く葛溜りも新鮮にみえる。団扇にあおられて炭の灰は雪のように白く舞い、筒から散らす唐がらしも花びらとなる。数杯

の酒を飲みほすと、小女が勘定を取りにきた)

＊1 笠原玄蕃　江戸時代中期の漢学者。伊藤仁斎に学んだ。著書に『桐葉篇』など。

豆腐の細切りの仕方

『豆腐百珍』前編に書きもらしたものに、豆腐の細切りの方法がある。二つ折の屛風にたてた形のもの(図1)を木で作り、豆腐の布目をとって、その木形にのせ、左の手でそっと押さえ、右から左へ切っていく。水か、酢を薄刃包丁につけながら切るのは、前編に記してある通りである。次に、向きを替えて、始めのように切る。こうすればどのようにも細く切ることができる(図2)。

図1

図2

細切り新製品の図

豆腐細切り用突出《つきだ》しの新製品がある。今までの突出しは、前編に記されているように、トコロ天の突出しと同じである。今度の製品は、手前に引くようになっている。これはなかなかの思いつきで、豆腐は台板に残り、手際よく切れるようだ。豆腐を入れるときに手前のほう三分(一㎝)ぐらいの所へ切り形して入れる。湯につけながらすっと引く。ゆっくりしてはいけない。図3、4を見て考えてほしい。

『素君伝』（明許鐘岳斉重氏著）

右は陳良卿がまとめた『広諧史』第八巻に載っているという。私が読んだ本には、この部分が脱落していた。『広諧史』は明版で、中国からの舶来本であるから、世の中に多くあるものではない。そこで広く蔵書家に願って、数冊を見せてもらったが、やはり全てが脱落していて、『素君伝』の部分を欠いている。後日、完全本を入手して、この文を補いたい。

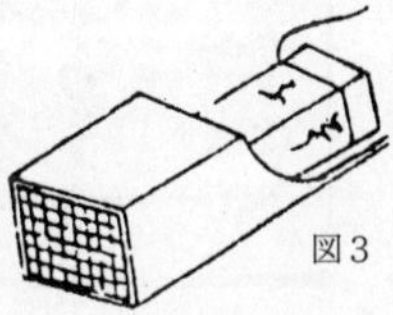

図3

図4

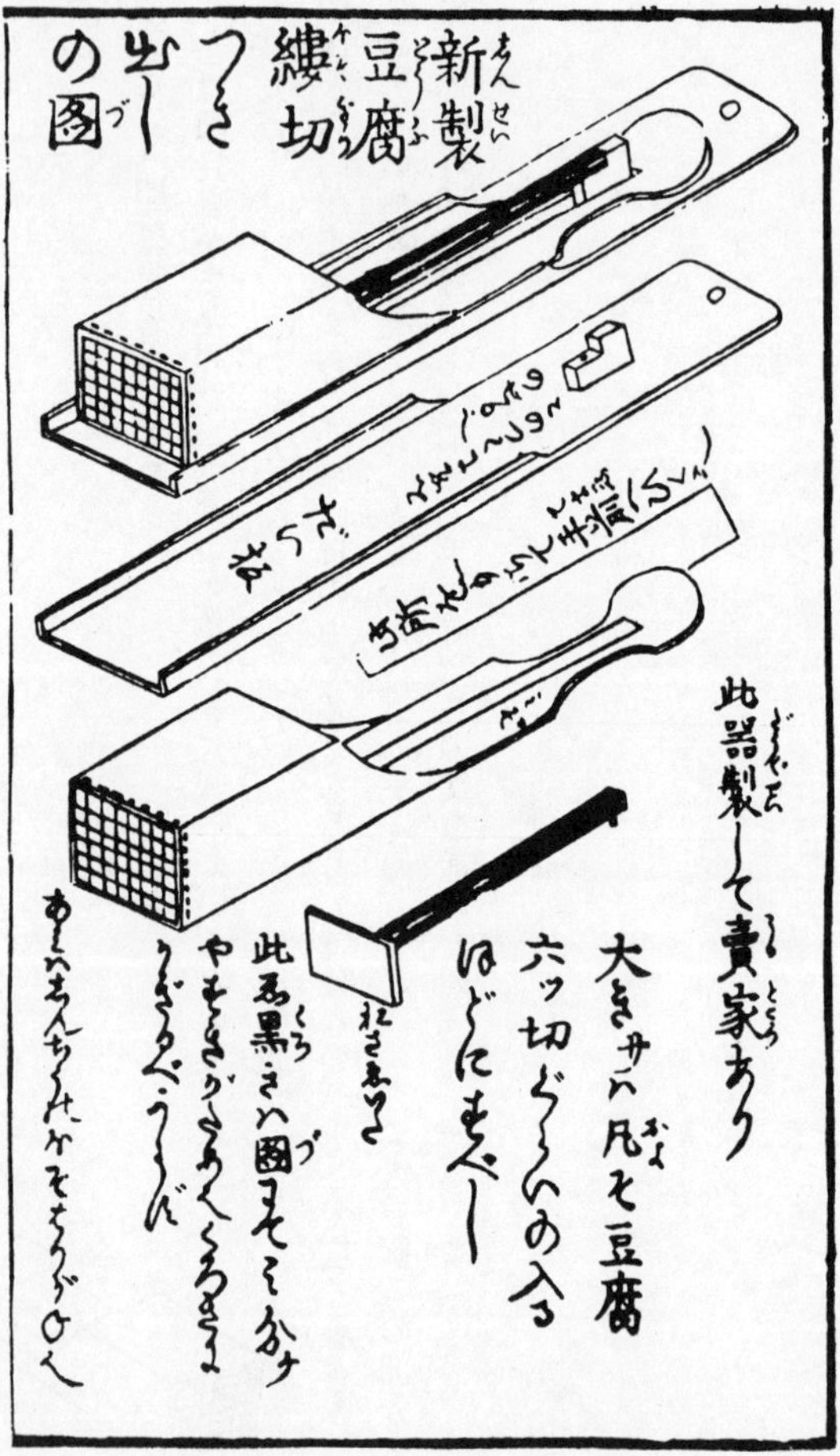

豆腐百珍余録

淮南百珍余賞　淮南は豆腐の異称。『豆腐百珍』表紙裏に揚げられた『淮南清賞』（10ページ参照）を受けて書かれた。百珍以外のものを賞味するの意。

豆腐の好きな先生が、私に次のように言われた。

「豆腐の料理というものは、淡泊であることが基本であり、華美になってはならない。当然、倹約して身を守るという教えにもかなっているし、平生のなにげない風味を味わえるというのもなかなかいい。『豆腐百珍』及びその続編が上梓され、およそ豆腐料理は出尽して、もう新しいものはないといってもよい。しかし、大坂の豆腐料理（『豆腐百珍』や続編）の評判を伝え聞えたとして、浜の真砂《まさご》の数に限りがないように、このほかにどんなものがあるかわからない。私の知らない筑紫《つくし》（九州）や都鳥が鳴く東《あづま》の都（江戸）には、まだまだ珍しい料理法があるにちがいない。なんとか見聞きしたいものだ」

そこで、私は、次のようにお答えした。

「ところが、これがあるのですよ。たいしたことはないとはいえ、時の巡り合わせというのでしょうか、『豆腐百珍』を出したころ、江戸でも『豆華集』[*1]という本が板行されました。すぐに買い求めて持っていますから、よくご覧ください」

そこで、先生は、『豆華集』をじっくりとご覧になってから言われた。

「『豆腐百珍』にくらべると、目次もないし、料理の品等も分けられていない。少し、粗雑ではあるが、それがかえって江戸の風流なのかもしれない。このまま出版したらどうか」

私は、その言葉に従って、『百珍余録』と題して、世間に披露したいと思う。願わくば、大勢の人々に読んでもらいたい。

書房春星堂主人記す

＊1豆華集　『豆腐百珍余録』の元板。天明二年（一七八二）に江戸で出版されたが、序文にあるように、大坂の春星堂主人、つまり『豆腐百珍』及び続編を出版した大坂高麗橋一丁目の書肆藤屋善七が版権を買い取って、書名を『豆腐百珍余録』として出版した。

豆腐百珍余録目録（目録は原本には載っていない）

一　青柳《あおやぎ》豆腐

豆腐の水気を切り、枝豆とよく摺《す》り合わせ、葛粉を少し入れて、和紙の一面に塗りつける。これを細い竹を芯に、小口から巻いて、ゆでる。竹をどんなに細く切っても、豆腐はよくつく。

ただし、枝豆がない時は、青どりを用いる。青どりは、茶を摺ってゆで、浮かんできたものを寄せ集め、しぼって用いる。この二品を入れないのも、またよい。結び豆腐（32ページ参照）は、これを結んだものである。

#木綿豆腐を用いる。

豆腐は竹にひと巻き分だけにする。さもないと和紙を巻きこんでしまい、あとではがせなくなる。

二　菖蒲《しょうぶ》豆腐

豆腐を四角に切り、全面を焼く。焼き方は豆腐を青竹の串へのせ、中火で何度も返しながら焼くとよい。古酒でよく煮、醤油で味つけし、こしあんをかける。こしあんには、好みで砂糖を入れなくてもよい。

#木綿豆腐を用いる。

三　駿河《するが》豆腐

源氏豆腐（156ページ参照）を、そのまま煮て、こし芋*1をかけたものである。煮すぎると葛が落ちるのでよくない。

源氏豆腐は、よく水気をとり、葛粉を衣にして油で揚げたものをいう。ふじの根というのは、ふつうの細焼豆腐にこし芋をかけたものである。

*1こし芋　山芋（大和芋）を湯煮し、裏漉《うらご》しにかけたもの。

#木綿豆腐を用いる。

四　秋の山

豆腐の水気を切り、こす。初茸《はったけ》*1・松茸・舞茸《まいたけ》*2・しめじなどのきのこ類を、味つけして豆腐にまぜ、箱に入れてよく蒸し、小口切りにする。ただし、敷き葛練り*3と水山葵《わさび》*4を使う。水山葵は小口から切って、沸湯《ふっとう》に浸し、湯気がもれないようにして、よくさましてから用いる。

*1初茸　担子菌類の食用きのこ。秋、松林の陰湿なところにできる。

＊2舞茸　同じく担子菌類の食用きのこ。朽木などに生え、多数の偏平な菌体が重なり合って、何枚もの蝶の羽根が舞っているように見える。
＊3葛練り　葛に砂糖を加えて練ったもの。甘い葛あんと思えばよい。
＊4水山葵　山葵を薄切りにし、熱湯を注ぐ。すっかり冷めるとさわやかな辛味の水になる。この水山葵を吸口にする。
#木綿豆腐を用いる。
きのこは煮汁をよく切ること。豆腐には、つなぎに卵白を入れるとよい。

五　麩《ふ》の焼豆腐

豆腐の水気を切って、よくこし、葛と小麦粉を少し入れる。これを焼き鍋に広げて焼き、四方から包みあげる。

ただし、中へ入れる材料は、旬のものをすべて味つけして用いる。また、葛練りだけを包むこともある。

篠巻豆腐《しのまき》は、これに、伽羅煮《きゃらに》＊1の蕗《ふき》・蓮根・長芋などを入れ、小口より巻いて切る。ただし、巻き小口には葛粉を少し入れて、蒸したほうがよい。
＊1伽羅煮　伽羅は香木の名で、伽羅色といえば濃い茶色をさす。伽羅煮は野菜や魚介類

を醤油で色濃く煮ること。とくに伽羅蕗は、その代表的なもの。
#木綿豆腐を用いる。
麩の焼は小麦粉を水で溶き、油をひいた鍋の上に薄く広げて焼き、片面に味噌を塗って巻いたもの、つまり、クレープである。豆腐は水切りをせず、そのまま裏漉しして小麦粉を適量入れ、とろりとさせる。

六　みなと田楽

豆腐の水気を切って、よくこす。これを海苔《のり》の一面に薄くつけて、適当な大きさに切って油で揚げる。

ただし、揚げたものに山椒醤油をつけて焼く。岩茸を用いる場合も同じように作る。
#木綿豆腐を用いる。
海苔を適当な大きさに切ってから豆腐をつけてもよい。山椒醤油は刷毛《はけ》でさっと塗るくらいがよい。

七　柚《ゆ》豆腐

豆腐の水気を切って、よくこす。あらかじめ用意しておいた材料をこれで包んで丸め、油で揚げる。柚釜《ゆがま》*1の蓋のように小口を切り、中をゆったり広げ、酒と醤油を合わせてさし、土器《かわらけ》にのせて焼く。ただし、柚子《ゆず》のあるときは、絞り柚子を使う。ないときは、陳皮を浸した醤油でもよい。

白玉豆*2も右と同じように作るが、油で揚げないこと。これは和紙に包んで蒸す。ただし、この豆腐には焼き塩を少し入れる。もちろん、葛練りを用いる。

＊1柚釜　柚子を七三ほどに切って、蓋と身に分け、身のなかをくりぬく。この中に、種々の料理を詰めこんで、柚子の香りとともに楽しむ。

＊2白玉豆　白玉《しらたま》豆腐というべきを白玉豆《はくぎょくとう》と略したのであろう。

#木綿豆腐を用いる。

豆腐は卵白をつなぎに使ったほうが割れる心配が少ない。

八　かまぼこ豆腐

豆腐の水気を切って、筑芋《つくねいも》*1を擂りまぜ、小麦粉を少し入れて、かまぼこの形にし、板につけて焼く。

ただし、からし醤油につけて焼くとよい。

はんぺん豆腐は、焼かずに、茶碗や小皿などに入れて蒸す。

＊1筑芋　ヤマイモ科に属し、自然薯《じねんじょ》の栽培変種。西日本に多く産し、「とろろ」にする。

#木綿豆腐を用いる。

九　松風豆腐

豆腐の水を切り、古酒でよく煮たて、色がついてきたら、筑芋《つくねいも》と葛粉を加え、松風[*1]のように薄くのばして、焼き鍋で焼くか、板につけて焼く。からしをふって食べる。ただし、砂糖や焼き塩を加えてもよい。もちろん、油をひいて焼かなければならない。

＊1松風　続編二九松風豆腐（138ページ）を参照。もとは菓子の松風に始まるといわれるが、料理では表にだけ罌粟粒をふったものを称す。浦を吹く松風は淋しい、のたとえで裏には何の細工もしないということである。

#木綿豆腐を用いる。

豆腐は裏漉《ご》しにかけ、すっかりさめてからおろした山芋、葛粉を入れる。

一〇　ふわふわ

豆腐の水気を切り、紅花で色をつけ、長芋を摺り合わせて、葛を少し入れる。沸湯《ふっとう》に浸したあと、酒でよく煮て、醤油で味をつける。

#絹ごし豆腐を用いる。

湯にとったとき、ふうわりとした形と感じに作りたい。豆腐の水切り加減、芋の質によって割合は変わるが、まず半々の割合で試してみて、加減の目安を納得してほしい。

一一　よせ豆腐（ぎせい豆腐ともいう）

豆腐の水気は充分にとって、細かく切り、七年酒を五合入れ、煎りつけてから、醤油三合と砂糖を少々入れ、さらに煎り上げて、焼き鍋に移し入れて焼く。

ただし、焼き鍋には油を引き、しばらく火にかけて熱してから豆腐を入れる。豆腐を入れたら、炭火をわきへ寄せ、余熱だけで焼く。

右の酒及び醤油の分量は、豆腐一丁に対するものである。当然、豆腐二丁では、その分量は二倍になる。焼き鍋にも、一丁用、二丁用がある。もちろん焼くときは蓋はきちっとしめて焼く。切り方は自由でよい。山川《やまかわ》、*1あるいは胡桃酢《くるみず》*2をかける。この二品は使わなくてもよい。

＊1山川　白酒（169ページの注参照）の異名。山川白酒とも。山中の川水が白く濁っていることにちなむという。

＊2胡桃酢　胡桃の実を摺りつぶして、砂糖と酢で調味したもの。

#木綿豆腐を用いる。

豆腐はつかみくずして炒りつけ、調味し、つなぎに卵を入れる。

一二　鯨《くじら》豆腐

黒胡麻を細かく摺り、小麦粉を少し入れて、海苔につけておく。豆腐の水気を切り、よくこして、その胡麻の上に厚めにつけ、薄く小口切りにして、油で揚げる。

豆腐に葛を少し入れるとよい。

にしき豆腐もこれと同じようにつくる。紅花、青どりなどで色をつけ、重石をかけてから、布巾に包んで蒸す。黒い色は昆布を用いるとよい。

#木綿豆腐を用いる。

一三　霰《あられ》豆腐

豆腐を中くらいの骰《さい》の目に切り、水嚢《すいのう》に入れて強くふり、豆腐の角がとれて丸くなったら、古酒でしばらく煮て醤油をさし、煎りつける。つゆが残っていてはよくない。その上にこし芋を衣にかける。

＃木綿豆腐を用いる。

『豆腐百珍』九霰豆腐（35ページ）を参照。

一四　吹寄せ

豆腐の仕立て方は右に同じ。これは、海苔や青海苔などを粉末にして、衣にかけたものである。

＃木綿豆腐を用いる。

一五　朧月《おぼろづき》

豆腐の仕立て方は右に同じ。

ただし、古酒に砂糖と焼き塩を少しずつ入れて、よく煮立て、ねばりがでてきたら、右の豆腐を少し炒りつける。それを太い竹筒の中へ詰め、沸湯《ふっとう》にしばらく入れておいてから取り出し、小口切りにする。竹筒は皮をとって、なるべく薄くしておく。

磯《いそ》豆腐は、前の青海苔をつけた豆腐を、右のようにして、小口から切ったものをいう。

#木綿豆腐を用いる。

一六　吉野豆腐

豆腐を布巾に包んでよくしぼってから、古酒でしばらく煎り、さらに醬油を入れて炒りあげる。米を煎ったように仕上げるのがよい。

ただし、つゆ気がなくならない場合は、何度も布巾で包んでしぼってよい。

霞豆腐も右と同じように作る。これはつゆ気があるうちに取り出し、箱に詰めてつゆを除き、器に盛って出す時に切るとよい。その形があっても、箸にかからないくらいの柔らかさとするのがよい。

#木綿豆腐を用いる。

一七　べっこう豆腐

これは寒天を、酒と醤油で煮出し、よくこしてから、砂糖を少し入れ、さめないうちに豆腐を入れておく。豆腐の切り方は、その時の趣向で面白い形にするのが最もよい。

ただし、青みには、貝割菜、[*1]またはぎん菜を使う。[*2]なお、それぞれ工夫をしてほしい。

＊1貝割菜　発芽したての大根や蕪の二葉。

＊2ぎん菜『料理無言集』（一七二九）に「良菜なり……料理には煮物。江戸ではこれを銀菜という。吸物に用いる」とある。

#絹ごし豆腐を用いる。

豆腐も寒天も無味に近い素材。味つけには細心の注意が必要。料理がうまいと感じるのは、塩味と甘味の調和がとれたとき、と思い知らされる料理。

一八　薄凍

これは寒天に焼き塩を入れ、じっくりと煮て、よくこし、豆腐を花形に切って入れる。もっとも寒天には白砂糖を少し加えるとよい。

ただし、この豆腐は、塩湯でしばらく煮てから、古酒を少し入れて煮るのがよい。
#絹ごし豆腐を用いる。
豆腐は、そのまま手を加えずに使うほうがよい。

『豆腐百珍』五八玲瓏豆腐の項（60ページ）を参照。

一九　巌石《がんせき》豆腐

豆腐をそのまま塩湯でよく煮てから、手で好きな形にちぎり、紅花で色をつける。

これを七年酒で十分煮て、椎茸《しいたけ》を煮出した醬油で、再び煎りつける。

ただし、つゆが残っているのは悪い。海苔、木耳《きくらげ》の繊切り、または胡椒の粉などをかける。

氷豆腐も右に同じ。塩湯だけで一時間ほど煮る。これを刺身に使う時は、色をつけるのもよい。もちろんゆで上げてから、水へ入れる。
#木綿豆腐を用いる。
『豆腐百珍続編』八二巌石豆腐の項（168ページ）を参照。

二〇　松かわ豆腐

木耳《きくらげ》の繊切り、あるいは胡桃《くるみ》など、時節に従って材料を選んで豆腐にまぜ、好みの大きさにして和紙に包む。それを油で揚げて、小口切りにする。

ただし、豆腐に入れる材料は、いずれも味をつけておく。

別製の松皮豆腐というのは、豆腐の水気を切って、よくこし、葛を少し入れて、薄く板につけ、裏表ともよく焼いて四、五分（一・三、四cm）角に切って用いる。

また、四方焼、八杯豆腐の作り方も右と同じようにする。

#木綿豆腐を用いる。

二一　みぞれ豆腐

豆腐の水気を切り、よくこし、からしを摺り入れて丸める。葛を衣にしてかけ、油で揚げる。

#木綿豆腐を用いる。

からしは粒がらしである。

二二　かるめ豆腐

豆腐の水気を切り、四角に切って、油で十分に揚げてから、上皮をとり、古酒で煮て、醤油を入れる。

ただし、葛練りにしたい時には、豆腐に醤油を入れすぎるのはよくない。葛は水山葵で練るのがよい。このほか、切り豆・切り胡桃・こし芋・こし栗などをかける。茶巾豆腐は、かるめ豆腐のとり除いた上皮に、粒椎茸や他の材料を味つけして置き、包み袋のようにして口を干瓢で結《ゆわ》える。もっともふつうの豆腐でもよい。金糸というのは、これを繊《せん》に打ったものをいう。

#木綿豆腐を用いる。

葛練りにしたい時、というのは葛あんをかけるということであろう。

『豆腐百珍』五五沙金豆腐の項（58ページ）を参照のこと。

二三　山吹豆腐

豆腐を細かくくずしておく。紅花を煎じた湯へ焼き塩と酒を少し加え、豆腐を入れて、よくゆで、布巾に包んで、水気を切っておく。一方、定家豆腐を酒煮にして醤油で味つけし、煮立ててから、右の山吹豆腐をかける。

ただし、山吹豆腐は、つゆをよくしぼったほうがよい。

定家豆腐は、豆腐を長く切り、角をとって四方を焼いて、小口切りにする。

平家豆腐というのは、作り方は右に同じで、これは油で揚げて小口切りにする。

豆腐飯も作り方は、山吹豆腐と同じである。ただし、飯の時は、豆腐に酒を入れず、塩だけでゆで、飯の炊きあがった時に混ぜる。豆腐に紅花を使わず、白いままでもよい。また、蓮の葉に、この豆腐を包み、香りが移るまで蒸して使う。いずれにしても飯の場合には、どれでも水かげんの時に、茶碗に一杯の酒を入れると非常によい。
#木綿豆腐を用いる。

二四　羽二重《はぶたえ》豆腐

これは、ふつうの色紙《しきし》豆腐[*1]である。その豆腐を入れておいた器を、蓋ごと引っくり返しておくと、水気が切れて、豆腐のきめが細かくなってなかなかよい。

＊1色紙豆腐　当時、製造されていた豆腐。豆乳《とうにゅう》を桶の中で固めた、柔らかい、きめの細かい豆腐。今でいう、絹ごし豆腐。また、色紙豆腐は、色紙型に切った豆腐のこともいい、ここでは、前者の意。

#絹ごし豆腐を用いる。

二五　摘《つ》み入れ豆腐

これは豆腐をよくこし、葛粉を少し入れ、板につけて包丁ですくいながら、ゆでるとよい。

#木綿豆腐を用いる。

二六　小倉豆腐

豆腐の仕立て方は右に同じ。中に砂糖煮の小豆と焼き塩を少し入れ、和紙に包んで丸くして蒸す。葛を練って包んでもよい。葛の練りかげんに注意が必要である。

#木綿豆腐を用いる。

二七　粽《ちまき》豆腐

これは、つと豆腐[*1]の小さいもので、前後を細く巻いてゆでる。

*1つと豆腐　苞豆腐。豆腐の水をしぼって摺りつぶし、棒状にして藁苞《わらづと》などで巻いて蒸したもの。

＃木綿豆腐を用いる。

二八　春日野

これは細焼き豆腐である。焼き塩に砂糖を少し入れ、粉山椒も少し加え、豆腐につけて焼く。これに、枝豆をよく擂《す》り、煮立てた醬油でのばし、葛練りのようにかける。

＃木綿豆腐を用いる。

枝豆の色を生かすのだから、醬油を入れすぎないようにする。

二九　すだれ豆腐

豆腐をそのまま酒で煮て、焼き塩で味つけし、細かく擂る。これを青平昆布へ何度も塗《ぬ》りつけて、少し重い物で押さえて蒸し、小口から切る。

ただし、青平昆布を重ねる時、葛粉を少しふるとよい。青平昆布は、酒、醬油で煮た後、よく洗って使う。ふつうのすだれ豆腐は細い竹のすだれにはさんで、ゆでる。渦巻豆腐も同じようにする。これは昆布の小口から巻いて蒸す。また、かまぼこ豆腐の中へ、昆布を二重、三重に折って九年母[*1]を入れ、小口から切るのもよい。

＊1九年母　ミカン科の常緑灌木。初夏、香りのよい白色五弁花をつける。秋、果実が熟

し、柚子に似て外皮が厚く、佳香と甘味がある。

#木綿豆腐を用いる。

三〇　竹輪《ちくわ》豆腐

これは、豆腐を擂って、細い竹につけ、和紙にくるんで、塩湯で煮て作る。

#木綿豆腐を用いる。

豆腐は固くしぼって（元の重さの半分くらい）から、擂鉢《すりばち》でよく擂《す》って使う。ゆであがったら、素焼きにする。

三一　茶碗蒸《ちゃわんむし》

からしをよく擂ってから、豆腐にまぜて一緒に擂り、煎酒に醬油をかげんして入れたつゆでのばし、茶碗へ盛った具の上にかけて蒸す。

ただし、卵仕立てにする場合は、紅花で豆腐に色をつける。茶碗へ入れる具には、あらかじめ味をつけておく。また、豆腐に筑芋を少し擂り入れておいてもよい。

#木綿豆腐、絹ごし豆腐のいずれを用いてもよい。

粒がらしを粉がらしで代用するのでは意味がない。

三二　豆腐ずし

豆腐の水分をとって薄く切り、塩湯に椎茸《しいたけ》を入れ、酒を少し加えたもので、二時間ばかり煮立て、豆腐が固くなったら取り出し、充分に汁気をぬく。白胡麻をよく摺り、酒と醬油に入れる。これで味つけしたおからをよくこし、煎り上げてから、右の豆腐をつけ、しばらくの間重い物をのせておく。

ただし、おからの中へ、切り胡桃を入れてもよい。また飯に漬ける場合には、豆腐に醬油を入れるとき、塩を少し控える。飯には酢を入れるとよい。また里芋、長芋などを味つけし、おからの切りずしにしたものもよい。

#木綿豆腐を用いる。

押しずし用の木枠で押すこと。流し缶は息ができないので不可。折箱などを応用してもよい。ただ、重石をかけるので、周囲をひもかテープで固定し、こわれぬようにする。

三三　薄雪

豆腐の水気を切り、よくこし、焼き塩で味をつけ、砂糖を少し入れる。これを湯葉に、できるだけ薄くつけ、焙炉《ほいろ》にかける。

ただし、湯葉は広湯葉を使う。湯葉にも、酒と醤油で味かげんしたつゆを茶筅《ちゃせん》で打っておく。豆腐は少し皮をとったら、少し重石をかけておく。また、からしを摺って醤油にまぜておいてもよい。豆腐をのばしたときには、湯葉はそのまま用いること。もっとも、焙炉に入れる前に、思い思いの形にする。煎餅のような形になるのをよしとする。
#木綿豆腐を用いる。

三四　海苔《のり》かるめ

豆腐の仕立て方は右に同じ。

ただし、豆腐を海苔に付けてから、煎餅大の大きさにとり、焙炉にかける。豆腐の皮を少しとって、小口から巻き、和紙に包んで火にあぶる。また、からしをふって巻いてもよい。別に海苔かるめというのがある。これは豆腐に筑芋、慈姑、長芋を摺りまぜ、焼き塩を少し入れて味つけをし、普通の海苔ずしのように小口から巻いて板にのせ、中火で焼いて、小口切りにする。
#木綿豆腐を用いる。

三五　湯葉巻豆腐《ゆばまき》

広湯葉《ゆば》に醤油を打ち、海苔《のり》を細かくもみくだいて一面にふりかける。豆腐の水気を切って、よく摺り、海苔の上に重ねて塗りつけ、小口から、強く巻きしめて、蒸す。ただし、葛練りのときは、豆腐に味つけはしない。

#木綿豆腐を用いる。

三六　八重ひとえ

豆腐を四角に切り、四方を焼いて、古酒でよく煮る。醤油を少し入れ、昆布を煮出した汁をさし、豆腐が色よくなるまで煮立て、葛練りをかけ、それをさらに白葛練りで包む。

ただし、葛練りは固く練ったほうがよい。白葛練りは砂糖を少し入れ、やわらかに練り、板の上一面に流し、板ごと水の上にのせておく。これを適当に四角の形に切り、右の豆腐を包む。また包み朧《おぼろ》というのは、前の霰《あられ》豆腐（227ページ参照）を大きくしたもので、紅花で色をつける。煮立て方も、前と同じである。この時の白葛練りは、焼き塩、砂糖を少し入れたほうがよい。

また、薄花というのは、普通の花形の色紙豆腐に、砂糖を少しふって塩焼にし、紅で薄く色をつける。この時の白葛練りは醤油を少しだけ入れるとよい。四方から包むことは前と同じである。すべてこの類の豆腐は盛って出すまでにさめてしまうので、葛で包んだ後で、再び美濃紙に包んで蒸しておく。

また、薄みどりというのは、右の葛練りに、青海苔を粉末にして練って入れたものをいう。

#木綿豆腐を用いる。

白葛練りは板の上に流すとあるが、流し缶に流して、水で冷やすとよい。

三七　唐きぬた

作り方は、霰豆腐（227ページ参照）と同じ。これは、擂《す》り芋を衣にして、油で揚げる。また、松露《しょうろ》を煎《い》りつけ、豆腐を擂って衣にして、油で揚げるのもある。これは豆腐に葛粉を少し入れるとよい。また、油で揚げずに、蒸してから、田楽にしてもよく、胡椒と醤油で焼いてもよい。

#木綿豆腐を用いる。

三八　半丁《はんちょう》豆腐

これは、今出川豆腐（51ページ参照）の作り方でよい。生姜《しょうが》味噌に砂糖を加えたものを、豆腐にかけたものである。

ただし、胡麻豆腐にしてもよい。胡麻は、皮をとって、よく摺り、豆腐にまぜて蒸す。

＃木綿豆腐を用いる。

三九　思案豆腐

豆腐の水気を切り、細かくくずして、葛を少量と小麦粉を入れる。胡桃を塩煮してよく摺って豆腐に入れ、巻き湯葉の大きさの形にして広げ、よく蒸して、小口から切って田楽にする。

ただし、小麦粉を入れすぎるのはよくない。またくらげ巻というのは、この豆腐を柳くらげ[*1]につけて、小口から巻いて蒸したものである。また、相良和布《さがらめ》[*2]につけて巻いたものも同じである。これは油で揚げたほうがよい。

＊1柳くらげ　『本草綱目啓蒙』に「銚子浦ニハナマクラゲ・アヲクラゲ・シロクラゲ・

ヤナギクラゲ等ノ品アリ」と記されている。現在、何科のクラゲに属すのかはわからない。

＊2相良和布　昆布科に属する褐藻類。静岡県相良地方でとれるのでこの名がある。搗布《かじめ》の一種。巻き物に適する。

#木綿豆腐を用いる。

四〇　柚干豆腐《ゆべし》

豆腐の水気を切って、よくこし、からし、胡麻などのよく摺ったものを入れ、酒と醤油で固めにのばして煎りつけ、胡桃《くるみ》、あるいは松茸の繊切りなどを入れる。柚子のなかごをとり、豆腐を詰め、しばらく蒸して、小口より切る。

ただし、豆腐の中へ入れる具は、旬のものを用いること。もちろん味つけをしておく。

また、柚味噌のように仕立て、小口切りにはしないものもある。

#木綿豆腐を用いる。

好みで柚子の絞り汁を加えてもよい。火加減に注意すること。強すぎたり、蒸しすぎたりすると豆腐にスが入りやすい。すっかりさめてから小口切りにすること。

解説『豆腐百珍』

福田　浩

百花繚乱、江戸の料理本

江戸時代の料理本は、印刷された刊本と手書きの写本とを合わせると数百種にも及ぶだろうといわれている。『料理文献解題』（川上行藏編・一九七八）をみると、江戸時代のものとして選別された二〇〇種の料理本があげられている。

それらの料理本の内容を大別すると、

一、食に関する有職故実《ゆうそくこじつ》を述べたもの
一、料理の技法を説明したもの
一、献立や取合せを解説したもの
一、食品の加工・保存に関するもの

という分類になる。ただし、すべての本がこの通りの区別になっているわけではなく、さまざまに組み合わさり、内容も入りまじって書かれている場合が多い。そのほかにも茶、本草（薬物学）、菓子などの本もある。

江戸時代最初の刊本である『料理物語』（著者不詳・一六四三）は、室町時代の式《しき》正《しょう》料理のような形式にとらわれることなく、日々の実用を重視しようとした点で、時代を画するものであった。

『江戸料理集』（著者不詳・一六七四）は、質量ともに最大の料理本で、上方の食文化に対して、江戸独自のものを打ち出そうとした意図が汲《く》みとれる。

以上の二冊は、その後の料理本の原典としての威厳をもつ。

江戸中期の『料理網目調味抄』（嘯夕軒宗堅著・一七三〇）は、料理する者、食する者の心得を説き、茶人らしい高い見識を備えている。例えば「愚なる料理に、栗を菊の葉に切り、菜果《さいくわ》を以て魚鳥に似せたるの類《たぐ》ひなること多し、これ則ち切目正しからざる也、切目正しきといふは、其のものゝ像《かたち》をうしなはず、真《すなを》なるをいふ」などは今でも通用する教訓である。

料理本の半数近くは、宝暦・天明（一七五一〜一七八九）から文化・文政（一八〇四〜一八三〇）を経て、天保（一八三〇〜一八四四）に至る九十年ほどの間に出版されている。世はまさに出版文化の黄金時代でもあり、料理本だけでなく、黄表紙や随筆などには料理屋も登場してくる。なかでも、食文化華やかなこの時代の寵児となり、時の大名、豪商から文人墨客のサロンとなった江戸名代の料理屋、八百善主人編著の

『料理通』（全四編、一八二二〜一八三五）は、顧客でもある酒井抱一、大田蜀山人らの書画に飾られ、まさに料理爛熟の極みをみせつける。

その間にも、「百姓家、町家の素人に通じ、日用手りやうりのたよりになるべきかと、献立のしな〳〵をわかち、俄客のおりから、台所の友ともなるべき」と心を用いた三冊本の『素人包丁』（浅野高造著・一八〇三〜一八二〇）、「只ありふれたる献立をあけ、めつらしき料理、または価とふとく番さいになりかたき品は一さい取らず」と惣菜に徹した『年中番菜録』（千馬源吾撰・一八四九）などのように庶民の生活に定着した料理の真相を読みとれる本もある。

一世風靡《ふうび》の百珍物

天明から寛永へかけての十二、三年の間に雨後の筍のように次々と刊行されたのが、世にいう百珍物である。百珍物とは、主となる料理の素材を一種類に限定し、さまざまの料理法を見せる料理本を指すが、そのきっかけは、『豆腐百珍』である。正・続『豆腐百珍』は、ただ単に数多くの料理法を並べたてるだけでなく、テーマとする素材「豆腐」についての故事来歴をはじめ、中国・日本の著名人による豆腐礼讃に至るまで、さまざまな文献を集めている点が、特徴となっている。文献を網羅し、しかも、一素材で一〇〇の料理を味わえるという『豆腐百珍』が出版されると、雅味溢れる遊びの精神が評判を呼び、それに刺激されて百珍本と称される料理本が次々に刊行された。

『鯛百珍料理秘密箱』（器土堂著・一七八五）
『大根一式料理秘密箱』（著者不詳・一七八五）
『諸国名産大根料理秘伝抄』（著者不詳・一七八五）
『柚珍秘密箱』（器土堂著・一七八五）
『万宝料理秘密箱』（器土堂著・一七八五・別名「玉子百珍」）
『甘藷百珍』（珍古楼主人編・一七八九）
『海鰻百珍』（鱗介堂主人著・一七九五）
『名飯部類』（杉野権右衛門著・一八〇二）
『鯨肉調味方』（著者不詳・一八三二）
『蒟蒻百珍』（嗜蒻凍人著・一八四六）

などがそれで、これらの書名のうち、百珍を称せぬものもあるが、一括して百珍物と呼ばれている。書名からも分かるように、主材料として、大根・玉子・さつまいも・

ハモ・飯・蒟蒻《こんにゃく》といった味のつけやすい素材を選んでいる。

百珍物のさきがけとなった『豆腐百珍』が発表されたのは、実に、『料理物語』が刊行されてから一世紀以上も経ってからである。この間、いろいろな食材料に対して、数多くの料理法があみ出され、積み重ねられてきた。こう考えてみると、百珍本というものは調理技術の発達と多様さによって出るべくして出た、料理文化の現れといえるであろう。

収録作品について

本書には、江戸時代に発表された、豆腐だけを素材にあつかった料理本三点を収めた。

『豆腐百珍』は、天明二年（一七八二）五月の刊行。序文の「豆腐百珍引」に始まり、本文では百品の豆腐料理の作り方、巻末に「豆盧子柔伝」「豆腐異名」「豆腐集説」が載る。

著者は醒狂道人《せいきょうどうじん》何必醇《かひつじゅん》、版元は大坂高麗橋一丁目の春星堂藤屋（北尾）善七。現代語訳にあたっては、底本に架蔵本を用いた。大きさは、縦二二三×横一二八㎜、序九丁、本文三一丁の一巻一冊本である。

『豆腐百珍続編』は、前編の成功によって、天明三年（一七八三）九月に、続編として出版された。

作者は同じで、版元は大坂藤屋善七、京都西村市郎右衛門、中川藤四郎、江戸山崎金兵衛。現代語訳にあたっては底本に架蔵本を用いた。大きさは、縦二二三×横一二九㎜、序一二丁・本文五〇丁、一巻一冊本で、表紙に「豆腐百珍続編」とある。

まず、漢文の豆腐讃、孫大雅の五言詩、二斗庵下物の序文があり、ついで前編と同じ体裁で豆腐料理百品が続くが、附録として三八品が加えられ、巻末に「豆腐雑話」が記されている。

『豆腐百珍余録』は、天明四年（一七八四）八月、大坂藤屋善七の出版。本書は、天明二年十二月に江戸で出版された風狂庵東輔の撰になる『豆華集』の版権を藤屋が買い取り、『豆腐百珍』の著者の薦《すす》めもあって『豆腐百珍余録』と改題して出版したものである。豆腐料理四〇品が記されている。

版本は慶應義塾図書館田村魚菜文庫に唯一存在する。現代語訳にあたっては、東京都立中央図書館加賀文庫の影写本を用いた。大きさは、縦二一五×横一三八㎜、序二丁・本文二二丁・奥付一丁、一巻一冊本である。

『豆腐百珍』の作者「醒狂道人　何必醇」を篆刻《てんこく》家曽谷学川であると指摘したのは森銑三氏である。氏は、無窮会神習文庫蔵『典籍作者便覧』の「曽（ママ）学川」の項に『豆腐百珍』の著者となっているところから、これを紹介した。

原田信男氏は、学川一人だけでなく、当時の大坂の文人グループによる共同作業ではないかと論じているが（『芸能史研究』第七〇号所収、「天明期料理文化の性格」）、水田紀久氏は、曽谷学川が高名な篆刻家で、著書である『印籍考』の品評目録と『豆腐百珍』の品評書の内容の分類方法に共通性があり、学川にして思い付く卓抜な趣向であると、その品評の対照を明らかにされた。

『豆腐百珍』の分類	『印籍考』の分類
尋常品	正品
通品	絶妙品
佳品	能品
奇品	奇品
妙品	精巧品
絶品	

ただし、等級の進み方は、『豆腐百珍』は尋常品より絶品に至るほど上に昇るのだ

が、『印籍考』の場合は順序が逆になる。

氏は、この学川の手柄をみれば、『豆腐百珍』が大坂の文人サロンの所産としても、最も深く関わった人物で、編著者代表であろうと断じておられる。詳しくは、『飲食史材』第三号「『豆腐百珍』の著者曽谷学川」の論述を参照されたい。

『豆腐百珍』にみる豆腐の調理法

『豆腐百珍』『豆腐百珍続編』『豆腐百珍附録』『豆腐百珍余録』を合わせると、二七八品の豆腐料理を数える。料理法や調味はどんなものか、ざっと眺めてみた。

日本料理は材料の鮮度を選び、包丁の度合の少ないことを尊ぶ。調理をしない料理が理想なのである。その代表が刺身である。

豆腐は、日常の惣菜《そうざい》としてあまりにも身近にあるため気づかぬが、素材としての質は、生鮮に匹敵するものである。できたての新しいこと、包丁の金気を嫌うこと、料理をすればするほど真味は薄れることなどである。

調理法は、煮る、蒸すというのが断然多く三分の二（約二〇〇品）以上を占める。焼く方法は六分の一（約五〇品）、油で揚げたり、炒めたり、少しでも油を使っているものは十分の一（約三〇品）ぐらい。火を通さぬものが二品ある。
豆腐の形のまま（切ったものを含む）に使ったものが、約半分、つかみ崩したり、裏漉《うらご》ししたものは三分の一くらいである。その他は卯の花（おから）、湯葉《ゆば》、凍《こおり》豆腐などである。

調味は、味噌、醬油を使った料理が全体の約半分を占め、内訳も半々ずつである。味噌を使う料理で代表的なものは田楽であるが、三〇種類ほどである。味噌を使わぬ田楽も、二、三ある。田楽という名称は、串を刺した形が足駄《あしだ》をはいて踊る田楽法師に似ていることからつけられたという。南北朝の頃（一四世紀）、京都の祇園神社に記録されている。田楽は、そもそも豆腐料理の元祖ともいうべき料理だが、材料は豆腐に限らず、こんにゃく、芋、魚などもある。

「味は好み次第に」というのが五〇品ほどあるが、どちらかといえば醬油での調味に合うものが多い。江戸初期には、醬油は関西から関東へ送られていたが、やがて銚子・野田（千葉県）でも製造されるようになり、安永・天明の頃にはようやく江戸でも関東のものが主になってくる。日本料理にとって、味噌は重要な調味料であるが、醬油は料理の幅をいちだんと広げるようになり、特に豆腐料理の味つけには抜群の効果をもたらしたのである。淡白な豆腐に味噌だけの調味はやや重い感じがある。醬油は色・香・味ともに軽やかなものに仕上げてくれる。『豆腐百珍』出現には、醤油の普及ということが、相当大きな推進力となったにちがいない。

その他、塩が二二品、酢が七品、砂糖を入れるというのが、一一品ある。このうち八品が『余録』にある。前述のように『余録』の元本は江戸で出版された『豆華集』である。その『豆華集』の中味は、味噌を使ったものは田楽が一品のみ、ほとんどが、醤油による調味である。塩による調味も七品あるが、明らかに味噌を無視し、下りの醤油を使わずとも、関東の醤油あり、贅沢な砂糖も意に介せぬぞと江戸独自の食味を強調したかったのであろう。

卯の花は、『百珍』『続百珍』に登場が少なく、附録に一二品が集中している。湯葉は附録に三品、余録では二品使われている。

豆腐の今昔

中国、明の李時珍《りじちん》の『本草綱目』（一五九六）に、「豆腐、淮南王劉安《わいなんおうりゆうあん》の作りしものなり」とある。豆腐を「淮南」「淮南佳品」などともよぶのはこのためである。しかし、劉安（〜前一二二）の編になる『淮南子』には豆腐の字はない。豆腐作製の記述もない。このように豆腐誕生の確かな記録はないのだが、八〜九世紀（唐中期）ごろには、豆腐はすでにあったろうと想定されている。豆腐作り発祥の地が、おそらく淮南地方であろうとの推測が、淮南王発明として伝承されてきたようだ。

日本での初見は、春日神社の記録で寿永二年（一一八三）に唐符（豆腐）とある。奈良時代、遣唐僧によってもたらされたのであろう。豆腐は、わが国では奈良から、まず京都に伝えられ、やがて、全国にひろまっていったものと考えられる。

これとは別に朝鮮から伝わった道もある。豊臣秀吉が文禄・慶長年間（一五九二〜一六一五）に朝鮮に侵攻したとき、四国の長曽我部元親が捕虜《ほりょ》を連れ帰り、豆腐製造の技術を遇して、豆腐座を作り、代々その任に当たらせるようにした。高知県土佐の固豆腐はその名残りである。

豆腐料理らしい名前が出てくるのは『大草家料理書』（一六世紀後半）が初見だという。

一　うどん豆腐
二　あん豆腐
三　とや豆腐

とある。うどん豆腐ととや豆腐は、『豆腐百珍』にも記載されており、あん豆腐は現在に続いているあんかけ豆腐の祖型である。

江戸時代の『料理物語』には、青物の部に、

たうふ　汁、でんがく、うどん、ふわふわ、こほり、いせだうふ、六でう、茶や、きじやき、同ゆば　汁、茶ぐはし、にもの、色〳〵

とあり、豆腐料理九種類、湯葉料理が三種類出ている。

『料理山海郷』（一七四九）とその続編の『料理珍味集』（一七六四）は全国各地の名物や珍味の紹介をしているが、あわせて約六〇種類の豆腐料理を記載しているのがめだつ。料理の名を変え、料理法に手を加えたりしながらも、ほとんどの品が『豆腐百珍』の料理と重なるものである。

『守貞謾稿』（喜田川守貞・一八五三）に上方と江戸の豆腐の違いを、「京坂柔かにて色白く味美也、江戸剛くして色潔白ならず味劣れり、然も京坂に絹漉豆腐と言は、特に柔かにて同価也、きぬごしに非さるも持運びに器中水を蓄へ、浮べて振らざるやうに携へざれば、忽ち壊れ損ず、江戸は水なくても崩るること稀也」と記している。

昔の豆腐は固かったと、古老はよく口にするが、今でも土地によって豆腐の柔らかさが違う。絹ごし豆腐のない地方もある。

豆腐は約九〇％が水分だから、味は水の質に左右される。もちろん材料の大豆の選

別も大切なことである。最近、豆腐の味が云々されるのは、以前のように国内産大豆をふんだんに使えぬことと、凝固剤が苦汁《にがり》から澄まし粉に変わったせいである。

澄まし粉は三種類あるが、最もよく使われるのがグルコノデルタラクトという有機化合物で、これは水分の多い豆乳でもよく固り、弾力のある滑らかな豆腐ができるので、パック入りで大量生産されるようになった。しかし、味も香りも薄いのが欠点である。伝統食品はその製造技術を保持するのが困難な時代にきているが、やはり良質の材料で正統な技術を伝えるべきであろう。

豆腐の作り方には、煮取り法と生取り法の二種類がある。

煮取り法は一般的な豆腐の作り方で、まず豆を水洗いし、三、四倍の水に漬ける。すっかり吸水した豆を摺《す》りつぶす。つぶした汁を呉汁という。これにさらに水を加え、釜で煮る。煮上がったものを袋に入れ、絞った汁が豆乳で、袋に残った滓がおからである。豆乳に苦汁を加え、布を敷いた穴あきの型箱に流し（このときの固りかけのものを朧《おぼろ》豆腐という）、重石《おもし》をのせて水気をしぼる。これが木綿豆腐である。絹ごし豆腐は木綿豆腐より豆乳の濃度を高め、穴のあいていない型箱で固めるので、つやのある、滑らかなものができる。

生取り法は、吸水した豆を摺って呉汁にし、生のうちに漉して呉汁とおからにわけるのが煮取り法と違う点である。この方法は昔ながらの作り方で、中国、朝鮮、日本では沖縄、熊本、山口、石川、高知の各地に残っている。

豆腐は誕生以来、一千年の歳月を経た長寿食品で、それだけでも貴重な文化財であるが、世界的食品として脚光を浴び、食文化囂《かまびす》しい折から、他の食品・料理と同様に、一時のブームとして捉えられるべきものではない。食品としての優秀性、料理素材としての適応性が時代を超えて存在する証しにほかならない。

豆腐は、日本人にとって未来・永劫にわたって重要なたんぱく源の一つである。本書を読まれて、料理古書に親しまれるとともに、時には、豆腐そのものにも思いを馳せていただきたいものである。

なお、本書を執筆するに当たり、日頃、ご指導をいただいている川上行藏先生をはじめ、多くの先学の方々の貴重な業績を参照させていただいた。ここに深く謝意を表する次第である。

参考文献

『日本料理秘伝集成』（平野雅章他編・同朋舎出版）／『料理文献解題』（川上行藏編・柴田書店）／『図説江戸時代食生活事典』（日本風俗史学会編・雄山閣）／『飲食史林』（川

上行藏他編・飲食史林刊行会）／『古典料理の研究』（松下幸子他編・千葉大学教育学部研究紀要）／『江戸料理百選』（島崎とみ子・福田浩・２００１年社）／『変わりご飯』（同上）・柴田書店）／『豆腐百珍ＮＯＷ』（福田浩他・柴田書店）

中公文庫版　解説

松井今朝子

著者の福田浩さんと初めてお目にかかったのは、ある月刊誌の連載企画を通してだった。江戸時代の厖大な文献に残る食事記録を故・松下幸子千葉大学名誉教授がセレクトされ、それをもとに福田さんが再現された料理を私が戴いて食エッセイを書くという、文字通りのおいしいお仕事で、連載後は『江戸の献立』と題するビジュアルブックにまとめられた。

福田さんが当時経営されていた江戸料理の名店「なべ家」でその再現料理を戴いた後、必ず出てくるデザートも実に楽しみで、最初に戴いた時は涼やかな見た目と食感の面白さ、滋味深さに驚かされた。それが本書の60頁に書いてある「玲瓏《こおり》豆腐」の再現だったのだ。

つまり福田さんは『豆腐百珍』の版本を活字に翻刻し、わかりやすい現代語に翻訳した江戸料理の研究家というばかりでなく、実際にそれをおいしく調理する二刀流のユニコーンみたいな、日本料理界で稀有な存在なのである。

福田さんの紹介によって江戸料理ブームを巻き起こした『豆腐百珍』の中で、「玲瓏豆腐」はさすがに「人の意表をついた料理」という「奇品」に分類されている。だが「どこの家庭でも常に料理する」とした「尋常品」の項目を見ると、冷や奴や湯豆腐くらいしか思いつかない現代人は、その種類の豊富さと手間暇のかけ方に圧倒されてしまうだろう。

たとえば「飛龍頭《ひりょうず》」。今でいうガンモドキだが、そのレシピは比較的詳細に書いてある。ただ、ゴボウやギンナンやキクラゲ等を細かく刻んで炒め、麻の実といっしょに豆腐に包んで丸めて揚げるといった面倒なことを、どこの家庭でもふつうにやってたってホントかしら？　と眉に唾をつけたくなるのは、コンビニエンスな食卓に馴れた現代人だからかもしれない。

「尋常品」でこれだから、見た目も味も調った「妙品」となれば手のかけ方が凄いのは、「真のけんちん」のレシピを読めばわかる。けんちん汁のルーツはこんなにも凝った料理だったのか、と驚くに違いない。

そうした手の込んだ料理が並ぶ一方で、本書が「妙品」に勝る「絶品」と推すのは「湯やっこ」、すなわち湯豆腐なのもいささか意表をつかれた。もっとも、その箇所を読めば、現代人が冬場の寒さしのぎでするそれとはだいぶ印象が違うだろう。ただの湯ではなく葛湯に投じた豆腐がかすかに動いて浮きあがろうとする瞬間を目で捉え、一瞬のうちにすくいとるコツを強調した点は、シンプルな料理ほどデリケートな手際が欠かせないという調理法の鉄則を物語ってもいそうだ。

ところが中にはおよそデリケートにはほど遠い、むしろ大胆過ぎて粗雑な印象を与えるレシピもある。『続編』に収録された「馬鹿煮豆腐」は豆腐一丁を酒二升に一晩漬け込んで翌日煮つめるというものだが、酒好きの方は何て勿体ない、馬鹿なことするんだ！　と嘆かれるだろう。福田さんも「馬鹿にならぬ材料費」がかかって「できあがったものの味わいも、なにやら馬鹿馬鹿しい」と書かれており、それは実際に作ってみた感想とおぼしい。

繰り返しになるようだが、本書のユニークさは著者が料理研究家と料理人を兼ねているからこそ、江戸時代のレシピを実際に作る前提で紹介している点なのだ。何せ食材が豆腐だから、木綿と絹ごしのどちらを使ったほうがいいかという、ごく基礎的なアドバイスまでしっかり注釈してあるのがうれしい。

それらの注釈が現代の一般家庭に親切なのは、たとえば『続編』にある「鯨豆腐」の項を見ればわかる。

白黒くっきりと分かれた色調を江戸の人びとは鯨に見立て、「鯨帯」という服飾もあるが、豆腐を黒くするのに使う昆布の黒焼きの製法で、福田さんはこうアドバイスしている。本当は炭火でじっくり焦がすのだけれど、現代の家庭では炭火自体の用意が困難だろうから、昆布を「電子レンジでパリッとさせてから、細かくして鍋で煎る」のがいいというふうに。

もちろん電子レンジがなかった江戸時代は、冷めた食物を簡単に温め直すことができないので、あらゆる保温材が求められた。その保温材の一つにおからが使われていた例が『続編』の「うずみ蒲焼」でわかったのも面白かった。

庶民的なおかずとして今では影が薄くなったおからのレシピも本書には満載だ。海苔巻きの寿司飯代わりにする「ノリマキラズシ」などは現代のヘルシー志向にぴったりだし、おからの古名「きらず」をもじったネーミングも案外とイマ風でイケル気がする。

ともあれ本書全体を通じて現代人が感嘆させられるのは、豆腐一つの食材をかくもふんだんなバラエティに富んだ料理にする発想と、手間暇を惜しまぬ作り方だ。それは常にモノが豊かで何事も便利な現代社会には生まれ難いものである。

ところで日本料理というと、余り手間をかけずに素材をシンプルに調理するイメージが定着し、江戸料理はことにそのイメージを裏切らない鮨や天ぷらに代表されてしまいがちだ。しかし鮨も天ぷらも当時のファストフードだったのは今や周知の通りで、本格的な料理は手間をかけないどころか、実はとても手の込んだものが多かったのは本書で明らかだが、他の料理書でも例証できる。

その名もずばり『料理通』と題した料理書の著者は江戸の名高い料亭「八百善」の主人

で、多くの文化人が集い将軍の御成りまであった名店の底力を見せつけた豪華な献立と凝った調理法のオンパレードだ。その一部は拙著の時代小説『料理通異聞』で紹介しているので、ご興味のある方はそちらもご覧戴くといい。現代にイメージされる日本料理にはまず見られない、食材の豊富さにびっくりされるだろう。何せ一番のごちそうは鶴の吸物だったのだから。

また現代だと「食は関西にあり」といわれ、ことに京料理が日本料理を代表するかのように持てはやされているが、私が子供の頃は東京から新幹線で気軽に京料理を食べに行けるという感じではまだなかったから、そこまで偏重する見方も少なかったように思う。そう断言できるのは実家が京都で明治初期から料理屋をしていたせいで、その三代目当主になる亡父が福田さんと個人的に親交があって、私もお目にかかる以前にお名前だけは承っていたのだ。

ただ当時でも東京は既に関西系の日本料理店に席巻されていた観があって、どうやらそのことは大正期にまで遡るらしいのは、東京生まれの文豪谷崎潤一郎の随筆に見て取れる。彼は「上方の食ひもの」の中で、「所謂『江戸前の料理』と云ふものは僕等の少年時代迄とし、関東大震災後の「今日東京の『うまい物屋』と云へば（中略）多くは上方流の料理である」と結論づけた。

とはいえ電車も飛行機もトラックもない江戸時代の物流は貧弱だから、当時の京料理が今日ほど海産物の食材に恵まれなかったことは明白である。「八犬伝」で有名な馬琴は若い頃に上方遊学を試みて『羇旅《きりょ》漫録』という紀行を著し、その中で「京に良きもの三ツ」を「女子、加茂川の水、寺社」としながら「悪しきもの」に「料理」を挙げて、足りないものに「魚類」を入れていた。

大坂では良きものに「海魚」を挙げながら、料理は相変わらず悪しきものの範疇で、「料理店数軒あれど江戸人の口には合はず」としたのは当然かもしれない。東西の味覚の違いは今日にまで綿々と引き継がれているのだから。

要は上方の料理が江戸っ子馬琴の口には合わなかったというだけの話だが、果たして上方人のほうは江戸料理をどう感じたのだろうか。

大坂に生まれて三十歳で江戸に移住し、『守貞謾稿《もりさだまんこう》』という風俗史を書き残した喜田川守貞は、意外なほど江戸料理に好意的な見方をしている。まず味覚に関しては「淡薄の中にその物の味」を活かす京大坂の調味に比べて、江戸は砂糖や醬油をしっかり使うため、「口に甘く嘗《うま》しといへども、その物の味を損すに似たり」と現代人にも非常に理解しやすい評し方だ。ところがこれを守貞は、単に口に合うか合わないかの問題なので強いて論じる必要はないとし、「精麁《せいそ》を云ふ時は、京坂より江戸は勝り、江戸より京坂はその製劣れり」とはっきり書いたのである。

守貞の目には当時の江戸料理が精緻で繊細に、上方の料理のほうがむしろ粗雑な感じに映ったようで、その一例として鯛の塩焼きを挙げている。上方は一尾丸ごと塩焼きにしてそれを皆が箸で突《つつ》いて食べ散らかすのがふつうだが、江戸では散らかさないよう小さな切り身にして焼き、それらを筏《いかだ》状に組んで元の鯛の姿に戻すという手間なことをしていたらしい。

精緻で繊細といえば、崩れやすい豆腐を扱う料理ほどそうした手際を求められるものはなさそうだ。本書に収録された沢山の料理には、神わざに近いような手際が要求される調理法もいくつかあって、日本は江戸の昔から料理技能が極めて高かったことを改めて認識させられるのである。

や

ら・わ

な

た

さ

か

索引

項目の選定は料理名と注から採った。説明のあるページを太字にした。

あ

本作品は『豆腐百珍：江戸グルメブームの仕掛人』（教育社新書 原本現代訳 133）として一九八八年に教育社から刊行され、一九九七年に六刷よりニュートンプレスから刊行された。

中公文庫

現代《げんだい》語《ご》訳《やく》
豆《とう》腐《ふ》百珍《ひゃくちん》

2024年4月25日　初版発行

著　者　何《か》　必《ひつ》　醇《じゅん》
訳　者　福《ふく》　田《だ》　浩《ひろし》

発行者　安部順一
発行所　中央公論新社
〒100-8152　東京都千代田区大手町1-7-1
電話　販売 03-5299-1730　編集 03-5299-1890
URL https://www.chuko.co.jp/

DTP　嵐下英治
印　刷　三晃印刷
製　本　小泉製本

Published by CHUOKORON-SHINSHA, INC.
Printed in Japan　ISBN978-4-12-207506-1 C1121

中公文庫既刊より

各書目の下段の数字はISBNコードです。978-4-12が省略してあります。

あ-66-1
舌 天皇の料理番が語る奇食珍味
秋山徳蔵
半世紀以上を天皇の料理番として活躍した著者が「舌は味覚の器であり愛情の触覚」と悟った極意をもって秘食強精からイカモノ談義までを大いに語る。
205101-0

あ-66-2
味 天皇の料理番が語る昭和
秋山徳蔵
半世紀にわたって昭和天皇の台所を預かり、日常の食事と無数の宮中饗宴の料理を司った「天皇の料理番」が自ら綴った一代記。〈解説〉小泉武夫
206066-1

あ-66-4
料理のコツ
秋山徳蔵
高級な食材を使わなくとも少しの工夫で格段に上等な食卓になる——「天皇の料理番」が家庭の料理人に向けて料理の極意を伝授する。〈解説〉福田　浩
206171-2

あ-66-3
味の散歩
秋山徳蔵
昭和天皇の料理番を務めた秋山徳蔵が〝食〟にまつわるあれこれを自ら綴る随筆集。「あまから抄」「宮中の正月料理」他を収録。〈解説〉森枝卓士
206142-2

き-7-5
春夏秋冬 料理王国
北大路魯山人
美味道楽七十年の体験から料理する心、味覚論語、食通閑談、世界食べ歩きなど魯山人が自ら料理哲学を語り、手掛けた唯一の作品。〈解説〉黒岩比佐子
205270-3

き-7-2
魯山人陶説
北大路魯山人
平野雅章 編
「食器は料理のきもの」と唱えた北大路魯山人。自らの豊富な作陶体験と鋭い鑑賞眼を拠り所に、古今の陶芸家と名器を俎上にのせ、焼物の魅力を語る。
201906-5

き-7-3
魯山人味道
北大路魯山人
平野雅章 編
書・印・やきものにわたる多芸多才の芸術家・魯山人が終生変らず追い求めたものは〝美食〟であった。折りに触れ、書き、語り遺した美味求真の本。
202346-8

き-7-4
魯山人書論
北大路魯山人
平野雅章 編
魯山人の多彩な芸術活動の根幹をなすものは〝書〟であり、彼の天分はまず書画と篆刻において開花した。独立不羈の個性が縦横に展開する書道芸術論。
202688-9

た-22-2
料理歳時記
辰巳浜子
いまや、まったく忘れられようとしている昔ながらの食べ物の知恵、お総菜のコツを四季折々約四百種の材料をあげながら述べた「おふくろの味」大全。
204093-9

こ-30-1
奇食珍食
小泉武夫
蚊の目玉のスープ、カミキリムシの幼虫、ヒルのソーセージ、昆虫も爬虫類・両生類も紙も灰も食べつくす、世界各地の珍奇でしかも理にかなった食の生態。
202088-7

こ-30-3
酒肴奇譚《しゅこうきたん》　語部醸児之酒肴譚《かたりべじょうじのしゅこうたん》
小泉武夫
酒の申し子「諸白醸児」を名乗る醸造学の第一人者で、東京農大の痛快教授が〝語部〟となって繰りひろげる酒にまつわる正真正銘の、とっておき珍談奇談。
202968-2

こ-30-5
灰と日本人
小泉武夫
発火、料理、消毒、肥料、発酵、製紙、染料、陶芸等、道具や材料だった必需品について食生活、社会、風俗、宗教、芸術に分け入り科学と神秘性を解き明かす。
206708-0

つ-2-11
辻留・料理のコツ
辻嘉一
材料の選び方、火加減、手加減、味加減――「辻留」の二代目主人が、料理のコツをやさしく手ほどきする。家庭における日本料理の手引案内書。
205222-2

つ-2-13
料理心得帳
辻嘉一
茶懐石「辻留」主人の食説法。ひらめきと勘、盛りつけのセンス、よい食器とは、昔の味と今の味、季節季節の献立と心得を盛り込んだ、百六題の料理嘉言帳。
204493-7

つ-2-14
料理のお手本
辻嘉一
ダシのとりかた、揚げ物のカンどころ、納豆に豆腐にお茶漬、あらゆる料理のコツと盛り付け、四季のいろどりも豊かな、家庭の料理人へのおくりもの。
204741-9

各書目の下段の数字はISBNコードです。978－4－12が省略してあります。

み-27-1
江戸吉原図聚《ずしゅう》 三谷一馬
江戸風俗画の模写に打ち込んできた著者が、吉原を描いた二五〇余点の絵画資料を精確に復元。今は失われた吉原の全貌を鮮やかに甦らせる画期的労作。
201882-2

み-27-2
江戸商売図絵 三谷一馬
江戸に生き、この大都市の繁栄を支えてきた人々の生業の数々を、当時の絵画資料より精確に復元。庶民の生活の息吹までも生き生きと再現する労作。
202226-3

み-27-3
彩色江戸物売図絵 三谷一馬
独特の売り声と服装で江戸の町を往き来した物売り百五十姿を、当時の絵画資料をもとにオールカラーで再現。庶民の哀歓までも伝える入魂の労作。
202564-6

み-27-4
江戸年中行事図聚 三谷一馬
元旦の「若水」「屠蘇」から歳末の「才蔵市」「大晦日の狐火」まで、絵画資料約一八〇点を精確に模写し、今は失われた江戸年中行事の数々を再現する。
203042-8

み-27-5
江戸職人図聚 三谷一馬
町人に親しまれた職人の風俗その他を錦絵、版画及び草双紙、人情本等の挿絵から復元した作品二百点余。江戸後期の庶民生活を知る上での貴重な資料。
203948-3

な-52-4
文豪と酒 酒をめぐる珠玉の作品集 長山靖生編
漱石、鷗外、荷風、安吾、太宰、谷崎ら16人の作家と白秋、中也、朔太郎ら9人の詩人の作品を厳選。酒に託された憧憬や哀愁がときめく魅惑のアンソロジー。
206575-8

な-52-5
文豪と東京 明治・大正・昭和の帝都を映す作品集 長山靖生編
繁栄か退廃か？ 栄達か挫折か？ 漱石、鷗外、鏡花、荷風、芥川、谷崎、乱歩、太宰などが描いた珠玉の作品を通して移り変わる首都の多面的な魅力を俯瞰。
206660-1

な-52-6
文豪と食 食べ物にまつわる珠玉の作品集 長山靖生編
子規が柿を食した時に聞こえたのは東大寺の鐘だった？ 潔癖症の鏡花は豆腐を豆府に！ 漱石、露伴、荷風、谷崎、芥川、久作、太宰など食道楽に収まらぬ偏愛的味覚。
206791-2

な-52-7
文豪と女 憧憬・嫉妬・熱情が渦巻く短編集
長山靖生 編
無垢な少女から妖艶な熟女まで。鷗外、花袋、荷風、漱石、谷崎、安吾、太宰らが憧れ翻弄された女性を描く。主人公の生きざまから近代日本の「女の一生」がみえる。
206935-0

か-93-1
動乱の蔭に 川島芳子自伝
川島芳子
清朝の王女として生まれ、祖国再興に身を捧げる。初恋の思い出や女性を捨てた経緯を語る。伝説の「男装の麗人」による半生記を初文庫化。〈解説〉寺尾紗穂
207109-4

お-96-1
大野伴睦回想録
大野伴睦
官僚出身エリート政治家と対決、保守合同や日韓国交正常化に尽力した破天荒な政治家（衆議院議長・自民党副総裁）の抱腹絶倒の一代記。〈解説〉御厨　貴
207042-4

あ-97-1
馬鹿八と人はいう 一外交官の回想
有田八郎
外相を四度歴任、日独同盟に異議、戦後は再軍備反対、都知事選に二度挑む。三島由紀夫の「宴のあと」のモデルとして知られる波瀾万丈の自伝。〈解説〉竹内　洋
207163-6

し-45-1
外交回想録
重光　葵
駐ソ・駐英大使等として第二次大戦への日本参戦を阻止するべく心血を注ぐが果たせず。日米開戦直前まで約三十年の貴重な日本外交の記録。〈解説〉筒井清忠
205515-5

し-5-2
外交五十年
幣原喜重郎
戦前、「幣原外交」とよばれる国際協調政策を推進した外交官であり、戦後、新憲法に軍備放棄を盛り込むことを進言した総理が綴る外交秘史。〈解説〉筒井清忠
206109-5

と-2-2
時代の一面 東郷茂徳 大戦外交の手記
東郷茂徳
開戦・終戦時に外務大臣を二度務め、開戦阻止や戦争終結に尽力。両大戦にわたり直接見聞、関与した事件・諸問題等について克明に綴る第一級の外交記録。〈解説〉東郷茂彦
207090-5

ま-2-3
回顧録（上）
牧野伸顕
重臣として近代日本を支えた著者による、政治・外交の表裏にわたる貴重な証言。上巻は幼年時代より、イタリア、ウィーン勤務まで。〈巻末エッセイ〉吉田健一
206589-5

各書目の下段の数字はISBNコードです。978-4-12が省略してあります。

ま-2-4
回顧録（下）
牧野伸顕
文相、枢密顧問官、農商務相、外相などを歴任し、パリ講和会議にのぞむ。オーラル・ヒストリーの白眉。年譜・人名索引つき。〈巻末エッセイ〉小泉信三、中谷宇吉郎
206590-1

さ-88-1
学ぶこと　生きること　女性として考える
猿橋勝子
「死の灰」による放射能汚染についてアメリカの誤りを正し、核兵器の危険性を訴えた地球科学者（「猿橋賞」創設者）の奮闘の記録。〈解説〉黒田玲子
207391-3

は-73-1
幕末明治人物誌
橋川文三
吉田松陰、西郷隆盛から乃木希典、岡倉天心まで。歴史に翻弄された敗者たちへの想像力に満ちた出色の人物論集。文庫オリジナル。〈解説〉渡辺京二
206457-7

か-80-3
図解詳説　幕末・戊辰戦争
金子常規
外国船との戦闘から長州征伐、鳥羽・伏見、奥羽・会津、五稜郭までの攻略陣形図を総覧、兵員・装備・軍制の観点から史上最大級の内乱を軍事学的に分析。
206388-4

し-15-16
幕末奇談
子母澤寛
新選組が活躍する幕末期を研究した「幕末研究」と番町皿屋敷伝説の真実など古老の話を丹念に拾い集めた「露宿洞雑筆」の二部からなる随筆集。
205893-4

し-15-15
味覚極楽
子母澤寛
〝味に値無し〟――明治・大正のよき時代を生きた粋人たちが、さりげなく味覚に託して語る人生の深奥を聞書き名人でもあった著者が綴る。〈解説〉尾崎秀樹
204462-3

タ-10-1
諜報の技術　CIA長官回顧録
アレン・ダレス
鹿島守之助訳
兄の国務長官ジョンと冷戦外交を主導、スエズ動乱、朝鮮戦争、キューバ危機、U2事件から対KGB謀略戦の実態と情報機関の在り方を問う。〈解説〉有馬哲夫
207195-7

タ-11-1
戦争か平和か　国務長官回想録
ジョン・ダレス
大場正史訳
対日講和に奔走しアイゼンハワー大統領下で冷戦外交を主導、ソ連・中国の脅威、安保理の機能不全のなか平和への策を提言。〈解説〉土田宏
207252-7